中国少数民族人口丛书

锡伯族

翟振武 主编

葛丰交 葛维娜/著

中国人口出版社
China Population Publishing House
全国百佳出版单位

图书在版编目（CIP）数据

锡伯族/葛丰交，葛维娜著．—北京：中国人口出版社，2014.7（2022.7重印）
（中国少数民族人口丛书）
ISBN 978-7-5101-2671-0

Ⅰ.①锡…　Ⅱ.①葛…②葛　Ⅲ.①锡伯族—民族文化—中国　Ⅳ.①K284.3

中国版本图书馆 CIP 数据核字（2014）第 154406 号

中国少数民族人口丛书　锡伯族
ZHONGGUO SHAOSHU MINZU RENKOU CONGSHU　XIBOZU
翟振武　主编　葛丰交　葛维娜　著

责任编辑　曾迎新
美术编辑　刘海刚
责任印制　林　鑫　王艳如
出版发行　中国人口出版社
印　　刷　北京兴星伟业印刷有限公司
开　　本　710 毫米 ×1000 毫米　1/16
印　　张　10　插 1
字　　数　137 千字
版　　次　2014 年 7 月第 1 版
印　　次　2022 年 7 月第 2 次印刷
书　　号　ISBN 978-7-5101-2671-0
定　　价　42.00 元

网　　址　www.rkcbs.com.cn
电子信箱　rkcbs@126.com
总编室电话　(010) 83519392
发行部电话　(010) 83510481
传　　真　(010) 83538190
地　　址　北京市西城区广安门南街 80 号中加大厦
邮　　编　100054

序

如果把一个民族比作一颗星星，那我们就是生活在一个繁星满天的世界。当今世界上有约 3000 个民族，分布在 200 多个国家和地区，绝大多数国家由多个民族组成。中国也是同样，是由各族人民共同缔造的统一的多民族国家。在漫漫的历史长河中，生活在中华大地上的各族人民密切往来、交流融合、团结奋斗、休戚与共，形成了一个伟大的强盛的中华民族大家庭，共同开发了祖国的美好河山，共同推动了国家的发展和社会的进步。

在中华民族的大家庭中，有 56 个成员，其中有 55 个是少数民族。新中国成立以来，少数民族人口一直持续增长。1953 年第一次全国人口普查时，少数民族人口总数为 3532 万人，占全国总人口的 6.1%。2010 年进行第六次全国人口普查时，少数民族人口总量达到了 1.14 亿，几乎是 1953 年的 3 倍，占到了全国 13.4 亿人口的 8.5%。各少数民族人口数量相差较大，如壮族有 1693 万人，回族 1059 万人，满族 1039 万人，维吾尔族 1007 万人，而赫哲族只有 5354 人，塔塔尔族 3556 人，独龙族 6930 人。中国各民族的人口分布呈现大散居、小聚居、交错杂居的特点。汉族地区有少数民族聚居，少数民族地区也有汉族居住；许多少数民族既有一块或几块聚居区，又散居全国各地。中国少数民族聚居区大都地广人稀，资源富集。少数民族地区的草原面积，森林和水力资源蕴藏量，以及天然气等基础储量，均超过或接近全国的一半。全国2.2万多公里陆地边界线中的1.9万公里在民族地区。全国的国家级自然保护区面积中民族地区占到85%以上，是国家的重要生态屏障。中国各民族的起源和经济、社会、文化的发展有着本土性、多元性、多样性的特点，五彩缤纷，丰富多彩。

要全面认识中华民族，就要从认识每一个民族开始。正是从这个理念出发，我们编写了这套《中国少数民族人口》大型系列丛书，力图从历史、文化、经济、社会等各个方面，用准确、科学、生动的语言，全方位描述和展现各少数民族灿烂辉煌的历史和现状，编织出一幅绚丽多彩的中华民族大家庭的“全家福”。

编写这样一套大型系列丛书，难度非同一般。几经论证和深入研讨，最终形成了编写大纲，这套丛书各个分卷的作者绝大多数由少数民族作家担任，他们不仅熟悉自己民族的历史和文化，而且对本民族有深厚的感情。在国家新闻出版总署、国家人口计生委和中国人口出版社的大力支持下，作者们历经数年，几易其稿，终成此书。值此丛书出版之际，我们衷心地祈愿这幅“全家福”能为民族的交流和团结，为中国的文化建设，为整个中华民族的繁荣昌盛，作出一份微薄的贡献。

翟振武

2012年5月于北京

PREFACE

Every nationality sparkles like a star in the firmament. Now we have about 3000 stars distributed across the world in more than 200 countries, most of which are multinational. So is China, which consists of a number of nationalities. For centuries, all the nationalities have lived together, worked together and fought together, making China a prosperous unified multinational country.

Of all the 56 nationalities in China, 55 are minorities whose population has been increasing since the founding of The People's Republic of China. According to the first census in 1953, the minority population was about 35. 32 million, accounting for 6. 1 percent of China's total population. By 2010, the number had almost tripled. According to the sixth census, the population of the minorities amounted to 114 million, making up 8. 5 percent of the 1. 34 billion people in China. The population size of minority groups varies a lot. Some of them have a large population, for example, the Zhuang Nationality has a population of 16. 93 million; the Hui has 10. 59 million people and the Manchu consists of 10. 39 million people. Some of the minorities are quite small, such as the Hezhe, the Tatar and the Drung nationalities, which have populations of 5354, 3556 and 6930, respectively. China's nationalities live together over vast areas with some living in individual, concentrated communities in small areas.

Some minorities' concentrated communities are scattered among the Hans, and some Han people also live in the minority communities. Some minorities may have one or more concentrated communities, while their people spread all over the country. Most minorities' concentrated communities have their people sparsely distributed in large areas with abundant resources. The grassland, forest, water and natural gas reserves in areas inhabited by minority people account for about half of China's total. Further, 19 000 kilometers of the nation's 22 000-kilometer land boundary are in minorities' communities. In addition, 85 percent of the country's state-level natural reserves are in the minority areas, making the people important guardians of China's ecology. Each of the nationalities' origin is unique, and their development of economy, society and culture is full of variety.

Only by learning every aspect of the minorities' lifestyle can we have a comprehensive understanding of the Chinese nation. Under this notion, we write this series of books on the Population of China's Minorities to provide a detailed picture of our Chinese nation, with the glorious past and prosperous present of the country's minorities.

It is through trials and tribulations that we write this spectacular series of books. Most of the authors, who have profound knowledge of the minorities and wrote the books with their strong emotions, are members of minority groups. With the great support of the National Publication Foundation, the National Population and Family Planning Commission and China Population Publishing House, the authors completed the books after years of unremitting endeavor.

On the publication of this series of books, we are looking forward to seeing these books contribute to the unity of the Chinese nation and help our country flourish in the future.

Zhenwu Zhai

Beijing

May 2012

目录

综述 …… 1

第一章 起源和变迁 …… 11

第一节 从嘎仙洞走出来的民族——锡伯族 …… 11

第二节 西迁之歌 …… 17

第三节 塞外江南：人与自然和谐的生态环境 …… 30

第二章 社会组织 宗教信仰 …… 38

第一节 社会组织 …… 38

第二节 宗教信仰 …… 42

第三章 独具特色的民族文化 …… 53

第一节 民族体育 …… 53

第二节 语言文字 …… 58

第三节 锡伯族文学 …… 61

第四节 锡伯族艺术 …… 66

第五节　锡伯族的田园生活 …………………………………… 76

第四章　锡伯族人口状况 ……………………………………… 83
第一节　明朝至民国时期锡伯族人口 ……………………… 83
第二节　新中国成立后的锡伯族人口 ……………………… 85

第五章　婚姻家庭节日 ………………………………………… 90
第一节　家庭、家谱、礼仪 ………………………………… 90
第二节　婚姻、丧葬、生活习俗 …………………………… 96
第三节　传统节日 ………………………………………… 106

第六章　教育科技全面发展 ………………………………… 111
第一节　锡伯重书香……………………………………… 111
第二节　科技及成果……………………………………… 122

第七章　民族经济与生产 …………………………………… 131
第一节　早期经济——狩猎和捕鱼 ……………………… 131
第二节　交通运输和生产工具…………………………… 135
第三节　西迁锡伯人兴修水利　屯垦造田 ……………… 137
第四节　察布查尔锡伯族自治县经济发展 ……………… 141

参考文献 ……………………………………………………… 149

Contents

Summary 1

Chapter I Origin and Development of Xibe Nationality 11

Section I Xibe's Origin 11

Section II Migration in the History 17

Section III Beautiful Landscape of Xibe's Homeland 30

Chapter II Social Organization and Religious Belief 38

Section I Social Organization 38

Section II Religious Belief 42

Chapter III Unique Culture of Xibe People 53

Section I Traditional Sports and Entertainment 53

Section II Unique Language 58

Section III Xibe's Literature 61

Section IV Xibe's Arts 66

Section V Daily Life of Xibe People 76

Chapter IV Population Change of Xibe Nationality ················ 83
Section I Population before the Founding of PRC ················ 83
Section II Population after the Founding of PRC ················ 85

Chapter V Tradition of Xibe People ················ 90
Section I Family and Genealogy ················ 90
Section II Marriage and Funeral ················ 96
Section III Traditional Festivals ················ 106

Chapter VI Development of Education and Technology ········ 111
Section I Nationality Values Education ················ 111
Section II Technology and Academy ················ 122

Chapter VII Promising Traditional Economy ················ 131
Section I Traditional Economy ················ 131
Section II Transportation and Production ················ 135
Section III Agriculture of Xibe People ················ 137
Section IV Economic Development of Xibe Autonomous County ················ 141

References ················ 149

综　述

在我国史学界，绝大多数学者认为，锡伯族是古代鲜卑人的后裔。锡伯族主要分布在辽宁、吉林、黑龙江、新疆维吾尔自治区等地。新疆伊犁哈萨克自治州察布查尔锡伯自治县是锡伯族最大的聚居区。此外，在辽宁省沈阳市附近建有兴隆台、黄家两个锡伯民族乡，在新疆霍城建有“伊车嘎善”民族乡。东北三省的锡伯族，大都分布在辽河平原和松嫩平原，而在新疆居住的锡伯族，也集中在伊犁河谷地区。据2010年第六次全国人口普查数据，全国锡伯族有190 481人，其中辽宁省132 431人，新疆维吾尔自治区34 399人。

锡伯族历史源远流长，其祖先拓跋鲜卑早在东汉以前便活动在大兴安岭北段以“嘎善洞”为中心的地带，“畜牧迁徙，狩猎为业”。公元48年，匈奴第二次分裂后，拓跋鲜卑自大兴安岭南迁到呼伦贝尔地区，此后又继续南迁，到东汉末年，到达五原郡境内。公元386年，拓跋鲜卑的大部分进入中原，建立北魏政权；而另一部分则以“室韦”为称号，于北魏初年开始在嫩江左岸的绰尔河、洮尔河等河流域活动。

唐朝时期，绰尔河等河流域的锡伯族归属于唐，唐政府曾在此设立都督府进行管辖。当高丽势力向东北扩张时，部分锡伯族先民被征入唐军，与薛仁贵军一起到扶余、前郭一带与高丽军作战，为东北的统一做出了贡献。

到辽代，锡伯族先民处在契丹统治之下，多数人在绰尔河流域从事农业生产。辽亡金兴，锡伯族先民又处在了女真统治之下，多数人仍在泰州等地从事农业生产。

元朝时期，锡伯族先民开始被蒙古族统治。元明清初，绰尔河流域是蒙古族游牧地及屯垦重地，此时，锡伯族先民仍活动于该地，处在兀良哈三卫中福余卫的统辖之下。明万历二十一年（1593 年），锡伯族先民出兵随科尔沁、叶赫、哈达、乌拉、卦尔察等组成九部联军 3 万余人，在古勒山攻打建州女真首领努尔哈赤而兵败。此战前后，就有一部分锡伯部落的贵族带着本部落民众归顺建州女真。崇德元年至顺治五年（1636～1648 年），锡伯军民同科尔沁蒙古一起被清政府编入旗兵之内，成为蒙古八旗的一部分。

据《清圣祖实录》记载，康熙三十一年（1692 年），“科尔沁之王、台吉等，将所属席北（即锡伯）、卦尔察、达虎尔等一万四千四百五十八丁进献，内可以披甲当差者一万一千八百五十余名，分于上三旗安置”。从此，锡伯族摆脱了蒙古 400 余年的统治，被编入满洲八旗兵内，移防黑龙江、吉林各地。康熙三十七年（1698 年），又将黑龙江、吉林地方驻防锡伯兵分别迁入盛京（今沈阳）、北京。此后，又有一些锡伯兵被分遣到直隶保定、山东德州等地，以充实满洲八旗军力。

乾隆二十年（1755 年）和二十四年（1759 年），清朝政府派出大批军队先后平定准噶尔叛乱和大小和卓之乱，最终统一天山南北。为了维护新疆地区的政治稳定、保卫中国西北边疆地区的安全和开发新疆，清朝政府陆续从内地抽调满洲、蒙古（察哈尔部）、锡伯、索伦（今鄂温克族）、达斡尔等八旗官兵携带家眷到天山北部长期驻防屯田。

乾隆二十九年（1764 年），清政府为了加强伊犁地区的防务，从盛京将军所属的盛京、开原、辽阳、义州、金州、兴京、牛庄、抚顺等15处，抽调锡伯官兵1020名，连同眷属4030名迁移到新疆伊犁察布查尔地区屯垦戍边。从此，锡伯族形成了东西分居、小聚居大杂居的局面。

清朝政府把西迁的锡伯族官兵及其眷属安置在伊犁河以南地区，“编制牛录，指定村屯”。他们先被编为六个牛录，后又于1769年“增编两个牛录，俱为八牛录，以为八旗”，从而建立起了“锡伯营”。

锡伯营是军事、行政、生产三位一体的组织，直到1938年初废除。在这一个半世纪里，锡伯营军民驻守卡伦、换防台站，几次调补索伦营和满洲营，多次应征参战，与新疆各族人民并肩战斗，为镇压叛乱、保卫边疆、稳定西陲起到了决定性的作用。

清朝同治三年（1864年），伊犁地区发生农民起义，反对清朝政府的腐败统治，但起义果实被一小撮别有用心的封建地主和宗教上层篡夺，成立极为反动的宗教政权。继而沙俄侵占伊犁长达10年之久。期间锡伯族人民处于水深火热之中，遭受前所未有的苦难，但他们始终忠于祖国，与沙俄入侵者进行了不屈不挠的斗争。在左宗棠出兵收复新疆和伊犁时，锡伯族军民纷纷前往军前效力，为收复失地、发展生产做出重大贡献。

民国初年，伊犁爆发革命党人起义，锡伯族人民积极拥护起义，与革命党人一起打响第一枪，许多子弟为拥护共和、反对帝制献出了宝贵生命。1944年，新疆伊犁地区发生三区革命，反对国民党的反动统治，锡伯族人民组建锡伯骑兵连，殊死战斗，多次荣立战功，34名烈士献出生命，涌现出很多可歌可泣的英雄人物和英雄事迹。与此同时，锡伯营军民先后在察布查尔、博尔塔拉、巩留等地凿渠屯田，为供应军粮、建设家园、繁荣边疆做出了不朽的贡献。

1949年9月，新疆和平解放。锡伯族人民与各族人民一道开始了新的生活。1953 年 11 月，新疆省将霍城县锡伯族聚居区作为推行民族区域自治的地区，建立了“伊车嘎善锡伯族乡”。1954 年 3 月，新疆省废除了“宁西”旧称，以锡伯族人民喜爱的“察布查尔”渠命名锡伯族自治县，成立了察布查尔锡伯自治县。20 世纪 80 年代初，辽宁省沈阳市新城子区兴隆台锡伯族镇和黄家锡伯族乡相继成立。

戍边卫国的同时，锡伯族军民在屯垦建设中也发挥了巨大作用。1802～1808 年，耗时 7 年多在伊犁河谷腹地开挖 100 千米长的察布查尔大渠，引伊犁河水灌溉田畴近 10 万亩，并筑堡屯居。亘古荒原上建起了村落相望、阡陌相连的居民区，成为如今察县的雏形。当时，开挖大渠的锡伯族官兵被树立为屯垦戍边的典型，受到朝廷嘉奖，其事迹还被绘制在中南海紫光阁。尤其是带领锡伯人实施这项宏伟工程的锡伯营总管图伯特，至今仍被视为锡伯族的骄傲。直到今天，大渠滔滔的渠水途经全县 7 个乡镇、5 个团场，为 10 多万百姓提供生命之水。锡伯人把察布查尔大渠视为自己的母亲河，就是这条功不可没的母亲河，抚育了一代又一代锡伯人。

锡伯族西迁新疆 250 年，忠实地保卫了祖国边防，维护了祖国的统一，对促进边疆安定起到了重要作用；自力更生，艰苦奋斗，取得生存和发展条件，建设起自己美丽富饶的家园；生成和发展了本民族的语言文字和文化教育事业，取得与时俱进的发展。在新的历史时期，锡伯族人民和新疆的各族人民一起团结奋斗，正在为全面建成小康社会、构建和谐社会迈进。

锡伯族十分重视教育，在锡伯人中流传着这样的说法：“宁肯讨饭，也要让孩子上学。”弯弓射雕的岁月逝去后，他们不忘练武之余，习文也渐成风气。崇尚教育，读书求学之风长盛不衰，锡伯族一跃成为“崇文尚武”的民族，其文化教育水平在各民族中名列前茅，她的杰出子弟建功立业于大江南北。新中国成立 60 多年来，特别是改革开放以来，锡伯族各级各类教育得到迅速发展，取得了很大的成就，主要表现在九年义务教育已基本普及，初中升学率逐年提高，高中规模不断扩大，办学条件得以显著改善，学校管理水平、教学质量、师资素质进一步提高，每万人中各级各类学校在校生比重、拥有各种文化程度人数、专业技术人员比例、非文盲率、人均受教育年限等项指标均高出全国平均水平。新中国成立 60 多年来，不仅培养了大批锡伯族本专科生，而且有了一定数量的硕士、博士研究生和博士后等高层次专业人才。不少锡伯族优秀青年走向全国，走向世界。

锡伯族的历史文化丰富多彩，在漫长的历史长河中，伴随社会的发展，锡伯族的历史文化也不断发展。迄今为止锡伯族还保存、使用自己的语言文字，弘扬着传统历史文化，创造着新的成果。清朝锡伯族迁入的伊犁地区自古以来就是一个多民族聚居生息活动的地域，锡伯族进入该地区后，虚心接受、广泛吸取当地其他民族的经济文化成果，创建了独具特色的屯垦戍边农业文化。

锡伯族有自己的语言文字。由于历史的原因，东北和西北的锡伯族在发展中逐步形成了各自的特点，现在东北锡伯族基本讲汉语，而新疆的锡伯族，由于居住较为集中，在语言文字上保持了较多的民族特点。锡伯语属于阿尔泰语系满一通古斯语族满语支。相传锡伯族曾有过自己的文字，但早已失传。清代以后，锡伯族人民通晓满语文、汉语文的日渐增多，后者在生活中使用得更加广泛。1947 年，锡伯族的知识分子改革了原来使用的满文，废去一些音节，增加了锡伯语的新字母，创制了经由满文发展而来的锡伯文字。人民政府至今行使职权时还使用这种锡伯文。锡伯族的锡、汉双语教育独具特色。历史上，新疆锡伯族是清朝末年西迁后便开始施行锡、汉双语教学，已有百余年。20 世纪五六十年代，锡伯族学校的双语教学采用小学低年级以锡伯语文为主，中年级锡汉语文并重，高年级以汉语文为主的形式，初中后停开锡伯文，改上俄语课。这样既保留了母语，又掌握了汉语及外语。升入高等学校后与汉族学生同班学习，不仅很快适应了汉语教学环境，而且较好地完成了学业，培养出许多“民汉兼通”的专门人才。可以说，双语教学不仅是锡伯族教育的重要特点之一，而且是锡伯族教育成功的主要因素之一和提高民族文化素质的主要途径。如今，新疆锡伯族不仅基本实现了“民汉兼通”，而且多数人可以同时使用维吾尔语、哈萨克语、蒙古语、俄语等兄弟民族的语言，涌现出了很多翻译人才，被称为“翻译民族”，有不少锡伯人为新疆维吾尔自治区各级领导充任翻译。他们在沟通边疆各级党政领导、干部与人民群众之间的思想，增进民族团结，促进文化交流与发展，实现各民族共同繁荣和进步，发挥了特殊的作用。近年来，东北一些锡伯族聚居地也不远千里派人到察布查尔县，请当地的锡伯族同胞教授在东北却几近失传的锡伯文。现在，自治县小学进行锡伯语文教育，县广播站用锡伯语、维吾尔语、哈萨克语三种语言播放。发行全国唯一的锡伯文报——《察布查尔报》(创刊于 1944 年）深受海内外广大读者欢迎。今天，《察布查尔报》已经成为锡伯人的精神家园。

擅长射箭的锡伯民族还被称为“箭族”。射箭是锡伯族传统文化中不可或缺的一部分。锡伯族骑射的传统已经有1000年以上的历史，族内老幼个个善于骑射。新疆察布查尔锡伯自治县也成了我国射箭运动的故乡，为国家输送了近百名射箭运动员和教练员，一代代锡伯族射箭选手在国内外赛事上摘金夺银，为察布查尔锡伯自治县赢得了“箭乡”美誉。2002 年，国家体育总局射击射箭管理中心在察布查尔锡伯自治县挂牌成立“中国重点射箭运动学校”。这所具备一流的运动比赛设备和场地的学校如今成为我国射箭运动重要的后备人才培养基地。锡伯族的“弓箭制作技艺”被列入第二批国家非物质文化遗产名录。这里也被世人公认为我国射箭运动的摇篮。察布查尔锡伯自治县被国家体委授予“全国体育先进县”和“全国群众体育工作先进集体”称号。此外，摔跤也是锡伯族重要的体育运动项目之一。20世纪80年代以来，在新疆摔跤队中，锡伯族运动员马开、顾景林、郑林、谷茂盛等在国内外比赛中多次取得冠亚军，国家分别授予他们国家级运动健将的光荣称号。目前，摔跤运动在锡伯族民间仍受重视，是民间经常开展的一项重要娱乐活动。

锡伯族基本保持着一夫一妻、妇随夫居的典型的父权制婚姻形态。个别无子嗣者招婿入赘。同姓不婚，但偶有姨表、舅表、姑表兄妹婚配情况。新中国成立后，《中华人民共和国婚姻法》在锡伯族社会得到全面贯彻，纳妾、童养媳、指腹为婚等陋习逐步被杜绝。锡伯族与汉族等民族的族际婚姻日益增多。

锡伯族实行土葬。每一个哈拉（姓）和莫昆有各自的墓地。老人死后行洗礼，报丧时行跪礼。出殡选单日，忌申日和午后。吊丧期多为三日，多者五至七日不等。墓堆上插两杆幡（一为纸幡，一为用红布或红绸制）。丧期内忌串门。祭奠期“四十九日”，远亲脱孝，直系亲属则需百日脱孝。萨满、其他巫职人员和非正常死亡者火葬，未婚男女棺材不做底，而用芦苇代之。幼儿死尸弃于野外任凭飞禽走兽噬食。

在饮食方面，东北的锡伯族多食稻米、高粱和小米等，新疆的锡伯族则食小麦，其中发面饼是新疆锡伯族一日三餐之必备食品，称“发拉哈额分”，锡伯族特色菜肴有花花菜、萨斯恒等。

在历史上主要从事游牧生产的锡伯族为便于骑马射箭，男子多穿左右开衩的滚边长袍，束粗腰带，戴圆顶帽，穿长筒靴。辛亥革命后锡伯族服饰变化受汉、维吾尔等族影响较大。年轻妇女喜欢穿色彩鲜艳的连衣裙、裙子、衬衫和翻领、高领短大衣、靴子等。男青年喜穿西服、运动服、夹克衫、皮鞋等，只有八九十岁的男女老人偶尔穿长袍马褂、礼帽、坤秋帽、绣花鞋。

锡伯族有讲究礼仪、尊老爱幼、热情好客、崇尚整洁的传统美德。在日常生活中，不孝儿女、不赡养老人者，要受到社会的谴责。尊重客人被视为体现一个家庭或家族文明素质的重要方面。保持整洁、保护水源、在公众场所保持外表形象是本民族自古延续的社会公德和个体德行方面的重要表现。礼仪礼节则被视为做人的根本。在日常生活中，对长辈应答和气，久别重逢须行“打千”礼，逢重大节日、婚丧必行跪礼及磕头礼。该传统一直传承至今。

锡伯族宗教信仰比较淡薄。在原始崇拜的同时，兼信萨满教，信奉过藏传佛教。新疆的锡伯族，新中国成立前信仰多神。供奉的神祇除了虫王、龙王、土地神、“尔琴”（痘神的使者）之外，主要有保佑家宅安详的“喜利妈妈”和保护牲畜的“海尔堪”。在沈阳建有锡伯家庙——太平寺，于康熙四十六年（1707年）由居住在盛京的锡伯族人集资修建。西迁新疆伊犁的锡伯族于光绪十七年（1891年）察布查尔孙扎齐牛录乡修建了靖远寺。

锡伯族的节日有“新年”（元旦）、春节等。春节多走亲串门、祭祖及娱乐活动。农历三月间的以鱼为祭供品的“鱼清明”、农历七月间以瓜果为祭供品的“瓜清明”、“孙扎拜义车孙扎”（端午节）和中秋节。欢度这些节日的方式，均以本民族的习俗方式进行祭奠、饮食和娱乐。民族化节日有“四一八”西迁节和正月十六“抹黑节”。

锡伯族的文学艺术内涵丰富多彩，富具本民族特色。民间文学为民族文学的重要组成部分，有民歌、民间故事、谚语、谜语、格言等。民歌又分叙事歌、苦歌、萨满歌、颂歌、劝导歌、习俗歌、田野歌、打猎歌、情歌、婚礼歌、新民歌等。民间故事有传说、童话、动物、寓言、神话、谜语故事等。谚语内容多为教人谦虚谨慎、诚实讲信、团结友爱，褒贬好恶、勤劳节俭。谜语主要表现为提高儿童智力、启迪其心智的内容，是老年人和妇女教育儿童的工具。创作文学多表现为近现代内容。最早的有19世纪上半叶换防卡伦侍卫何叶尔·文克津的散文体书信《辉番卡伦来信》。清末民初之后才不断涌现文学新人。到目前为止，已发表锡伯文、汉文的长篇小说、叙事长诗、散文、诗歌、纪事作品、人物传记等多部，在新疆民族文学领域占有一席之地。锡伯族的音乐分戏剧音乐和说唱音乐两类。戏剧音乐称秧嘎尔牡丹，分平调和越调。但基本为引进后加工为本民族化的内容。说唱音乐具有浓厚的民族特点。

改革开放以来，随着党和政府对边疆地区少数民族文化事业的高度重视和扶持力度的进一步加大，锡伯族研究取得了新的进展和较突出的成就，呈现一些新的特点和发展趋势。主要表现在锡伯族研究社会组织相继成立；本土化的专兼职研究群体已基本形成，并日益扩大；研究领域不断拓展，内容日益丰富；学术成果不断问世，数量逐年增多，质量和水平不断提高；研究方法和理论呈现多元化、综合化的趋势；学术研讨和交流日趋活跃，推动了锡伯族文化传统的丰富和完善。

历史上，锡伯族在几经迁徙至定居的过程中，锡伯族的生活环境不断变迁，导致其生产生活方式，也不断发生着新的变化。锡伯族早在大兴安岭地区活动时，就以狩猎为生。到明末清初，才逐渐转为以农业为主，以狩猎为辅。清初，锡伯族便开始种植水稻，清代文献中称为“锡伯米”。1766年部分西迁至察布查尔地区，至19世纪初察布查尔渠修通，锡伯营八个牛录扩垦耕地78 700余亩。东北的锡伯族至清朝中后期，也以农业为主，农作物主要有小麦、玉米、高粱、大麦、胡麻、油菜子、谷子、葵花、烟草等。

在锡伯族生产活动中，牧副业也占一定的比例。农民大多蓄养马、牛、羊等牲畜，不仅供自食自用，而且其蓄养规模也越来越扩大，出现了不少专业户。锡伯族的副业主要有园艺、渔业，还有少量狩猎业。园艺有蔬菜和果树种植，也有榆木、杨树等木材树木种植。渔业是重要的副业生产之一。察布查尔地区的锡伯族，有在伊犁河捕鱼的良好条件。

锡伯族的交通运输独具特点。因东北和新疆的自然气候条件相近，自古以来，牛、马、骆驼、毛驴、滑雪板、雪橇、牛车、毛驴车、马车等都是锡伯族的重要交通工具。20 世纪 50 年代之后逐步有了胶轮车、自行车、人力车、手扶拖拉机、轮式拖拉机、卡车、摩托车、小汽车等。但是，直至目前，雪橇仍然作为特殊的运输和娱乐工具被人们珍爱和传承。

综上所述，锡伯族虽属我国人口较少民族，但在漫长的历史进程中，为缔造多民族的伟大祖国，为保卫边疆和开发边疆，为祖国领土的完整和统一，为促进中华民族的团结，为社会的进步和经济文化的发展，承担了历史责任，发挥了巨大作用，做出了不可磨灭的贡献。正如国家民委领导在北京市锡伯族纪念“西迁节”座谈会上讲话时所说：“锡伯族是爱国的民族，戍边的民族，勇敢的民族，射箭的民族，多种语言翻译的民族，文化素质很高的民族，少而精的民族。”中共辽宁省委领导在谈到锡伯族爱国主义时指出：“一是锡伯族人民深明大义，为维护祖国统一长途跋涉，历尽艰辛西迁新疆；二是锡伯族在西北的乌孙山下屯垦戍边，为开拓和发展西北边疆的农田水利流血流汗，作出的不可磨灭的贡献；三是西迁后的锡伯族人民在反分裂斗争中为捍卫祖国尊严，维护祖国统一作出的卓越的贡献；四是锡伯族与新疆各民族和睦相处，堪称民族团结的楷模。”锡伯族还是一个勤劳朴实、聪明智慧、尊老爱幼、能歌善舞的民族。

西迁的锡伯族在新疆 250 年的风雨历程中，与新疆各民族人民相濡以沫、荣辱与共、同甘共苦、携手戍边、屯垦、开发、建设，不仅谱写了令人震撼的军旅长征史诗，而且唱响了豪情万丈的民族精神凯歌，凝聚、铸就成“爱国奉献、坚韧不拔、和衷共济”的“西迁”精神。

第一章

起源与变迁

我国是各民族共同缔造的统一的多民族聚居的国家，锡伯族就是这个大家庭中一个历史悠久的少数民族。大兴安岭、嫩江北部和嫩江左岸呼伦贝尔草原、松花江流域的扶余、前郭尔罗斯等区域是锡伯族祖先的发祥地，也是他们早期生产、生活的第一故乡。

锡伯族是一个勤劳、勇敢、智慧的民族，在漫长的历史进程中，她和全国各兄弟民族，特别是和东北、西北的少数民族一道，用辛勤的劳动和丰富的智慧，创造了自己辉煌的历史和灿烂的文化，为缔造多民族的伟大祖国，为保卫边疆和开发边疆，为祖国领土的完整和统一，为促进中华民族的团结，为社会的进步和经济文化的发展，承担了历史责任，发挥了巨大作用，做出了不可磨灭的贡献。

第一节　从嘎仙洞走出来的民族——锡伯族

一、锡伯族：鲜卑后裔

1. 族名

“锡伯”为本民族自称。口语称 siwe，书面语称 sibe。汉文史籍中，不同历史时期有不同的译音和写法。西汉末年称“须卜”，东汉以后开始称“鲜卑”、“西卑”、“犀纰”、“师比”等；北魏、隋唐宋时期称“室韦”、“失韦”、“失围”；元明时期称“失必”、“失必尔”；明清以后称“实伯”、“西伯”、“席北”、“锡北”、“锡卜”、“锡伯”等，皆为si-we之同音异写。“锡伯”之称，多见于清代文献，自辛亥革命以后“锡伯”之称基本定型。锡伯一词的含义至少有两种解释：一说为瑞兽或带钩，即将黄金“犀毗”解释为胡之带钩，亦称鲜卑、师比，这和锡伯族人喜欢用兽形带钩似乎有一定的联系；一说为地名，清代将海拉尔迤南室韦山一带泛称为锡伯，居住在这一带的人因以得名。

2. 族源

关于锡伯族的族源，学术界认为：一是锡伯族与满族同源说，持这种说法的清代学者杨宾在其著作《柳边纪略》中写道：“席北……与满洲同祖。”二是锡伯是古代鲜卑的后裔，这是大多数锡伯族学者和群众的共识，《锡伯族简史》作者持这种观点。清代学者何秋涛在《朔方备乘》中提出：“锡伯利路，本鲜卑旧壤，故有锡伯之名。”1980 年 7 月 30 日，考古学家米文平先生在大兴安岭北段顶巅东麓，即今内蒙古自治区呼伦贝尔盟鄂伦春自治旗阿里河镇西北 10 千米处，发现了拓跋鲜卑的旧墟石室——嘎仙洞，洞内石壁上刻有太平真君四年（443 年），北魏太武帝拓跋焘派中书侍郎李敞来此祭祖时刻的祝文，证实了嘎仙洞就是《魏书・礼志》中记载的拓跋鲜卑旧墟石室，同时证明了嘎仙洞一带正是当年锡伯族先民狩猎生活的地方，又一次为锡伯族是鲜卑后裔说提供了有力证据。沈阳市锡伯家庙太平寺碑文记载的锡伯族祖居地点亦能与此相对证。碑文记载：“……有青史世传之锡伯部族，祖居海拉尔东南扎兰陀罗河流域……”经考证，碑文所指的“海拉尔东南扎兰陀罗河流域”当是海拉尔附近及其以南，东到绰尔河及以东嫩江流域，南到郭尔罗斯以北。总之，大兴安岭和呼伦贝尔一带，沿嫩

江流域以西的广大区域都是锡伯族生息繁衍之地，是锡伯族最古老的家乡。

二、鲜卑石室：嘎仙洞

嘎仙洞位于内蒙古自治区鄂伦春自治旗阿里河镇北约 10 千米、大兴安岭北段顶峰东端，甘河北岸噶珊山半山腰花岗岩峭壁上。其地峰峦层叠，树木参天，松桦蔽日。洞在峭壁之上，高出平地约 5 米，洞口西南向，南北长 90 多米，东西宽 27 米许，高 20 余米，相传为仙人洞府。洞内西壁距洞口 15 米处，有北魏太平真君四年（443 年）摩崖铭刻。

据《魏书》载，乌洛侯国世祖真君四年来朝，“称其国西北有国家先帝旧墟，石室南北九十步，东西四十步，高七十尺”。北魏太武帝拓跋焘派中书侍郎李敞去祭祀，并“刊祝文于室之壁而还”。现存铭刻的文字共 201 字，与史籍记载的祝文基本相符，证实为北魏王朝承认的拓跋鲜卑发祥地。嘎仙洞内堆积有较丰富的文化层，对于研究拓跋鲜卑的早期历史，具有重要科学价值，为全国重点文物保护单位。

嘎仙洞为天然大型山洞，离地面 25 米。洞口向西南，略呈三角形。洞内南北长 90 余米，东西宽约 28 米，穹顶最高处 20 余米，略分为前、中、后 3 室，面积约 2000 平方米。洞内幽暗深邃，石壁平整。北魏太武帝拓跋焘派遣中书侍郎李敞祭祖时所刻的祝文刻在距洞口很近的西侧石壁上，共 19 行 201 字。字体古拙，介于隶楷之间。这一重大发现，证明了嘎仙洞就是《魏书》中提到的拓跋鲜卑的祖庙石室。

祝文全文如下：

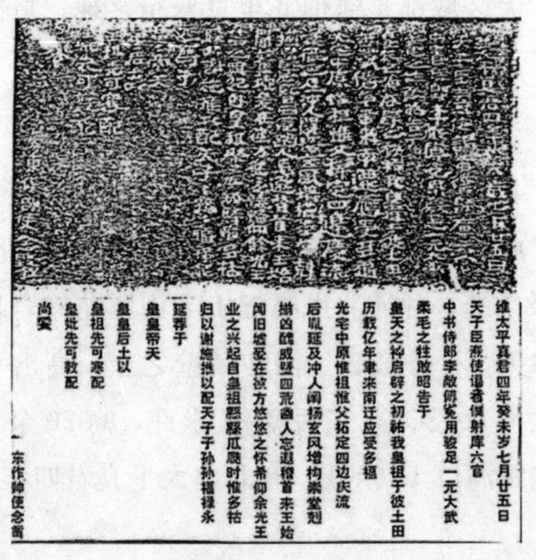
维太平真君四年癸未岁七月廿五日
天子臣焘使谒者仆射库六官
中书侍郎李敞傅㝹用骏足一元大武
柔毛之牲敢昭告于
皇天之神启辟之初祐我皇祖于彼土田
历载亿年聿来南迁应受多福
光宅中原惟祖惟父拓定四边庆流
后胤延及冲人阐扬玄风增构崇堂克
揃凶丑威暨四荒幽人忘遐稽首来王始
闻旧墟爰在彼方悠悠之怀希仰余光王
业之兴起自皇祖绵绵瓜瓞时惟多祜
归以谢施推以配天子子孙孙福禄永
延荐于
皇皇帝天
皇皇后土以
皇祖先可寒配
皇妣先可敦配
尚飨
东作帅使念凿

嘎仙洞祝文（佟宝财摄）

维太平真君四年，癸未岁七月廿五日，天子臣焘使谒者仆射库六官中书侍郎李敞、傅㝹用骏足，一元大武，柔毛之牲，敢昭告于皇天之神：

启辟之初，佑我皇祖，于彼土田，历载亿年。聿来南迁，应受多福。光宅中原，惟祖惟父。拓定四边、庆流后胤。延及冲人，阐扬玄风。增构崇堂、克揃凶丑，威暨四荒，幽人忘遐。稽首来王，始闻旧墟，爰在彼方。悠悠之怀，希仰余光。王业之兴，起自皇祖。绵绵瓜瓞，时惟多祜。归以谢施，推以配天，子子孙孙，福禄永延。

荐于：皇皇帝天、皇皇后土。

以皇祖先可寒配，皇妣先可敦配尚飨！

东作帅使念凿。

这篇祝文是以北魏皇帝的口吻来对他的祖先歌功颂德的，并祈求祖先保佑。

三、鲜卑瑞兽：远古时代的神秘传说

锡伯族的先民——鲜卑，最初生活在东北大、小兴安岭的莽莽森林之中，以捕猎为生，随着生产力的提高，部落民众逐渐迁徙转移到了森林边缘，开始了半定居的渔猎生活。生产方式的改变也使锡伯族原始宗教崇拜的内容变得更加丰富，这些宗教崇拜的内容包括了部落民生活的方方面面，不仅有自然崇拜，更有动物崇拜。在动物崇拜中，鲜卑瑞兽是动物崇拜的核心，也是锡伯族的图腾崇拜。

鲜卑瑞兽发源于古鲜卑族，是一种似狮非狮、似狗非狗的动物，奔腾的四蹄像飞奔的骏马，肋生双翼，鼻子前面还有一个像犀牛一样的弯角，昂首向天。

鲜卑瑞兽图案　（郭庆摄）

在锡伯族的民间传说中，瑞兽是指引锡伯族先祖们走出原始森林的神兽。锡伯族的先民们在东北的大兴安岭中生活时，由于气候寒冷，食物来源匮乏，部落头人决定举族南迁。

南迁的时候，他们在大兴安岭里艰苦跋涉了很多天，仍然找不到走出大森林的路，人们迷失了方向，只能在原地打转，被困在山里无法出来。食物越来越少，许多老人不堪饥寒去世了。就在所有人几乎绝望的时候，瑞兽突然出现在队伍前面注视着他们，有人看到它，它便奔走，一个年轻人将这一现象告诉了族长。族长指示所有人不要伤害这瑞兽，让大家跟着瑞兽走。最终，在这一动物的指引下，他们才走出了鲜卑山森林，来到南方大泽（呼伦贝尔草原）。从此，锡伯族人就将它作为族人的神兽供奉了起来。

鲜卑瑞兽的图案糅合了马和猎狗的形态，但更像是一匹肋生双翅的飞马。锡伯族的吉祥物是白马，锡伯语叫“芙兰莫林”，狗与马都是锡伯族生产、生活中不可缺少的动物。同汉族的龙崇拜一样，锡伯族的图腾崇拜也脱胎于原始先民们的生产、生活。正是在这两种动物的基础上，锡伯族先人们发挥自己的想象力，以此为准勾出图案，创造出了鲜卑瑞兽，久而久之就成为锡伯族的标志性图案。

锡伯族男人腰带的皮带钩上都铸有这种瑞兽的图案，每当上山打猎时，便将皮带系在身上，保佑男人们打猎时平安。在供桌和家具上也可以看到这种瑞兽的图案。锡伯族做弓箭的能工巧匠们大多都喜欢在弓箭或箭壶上雕刻或印上鲜卑瑞兽的图案，希望鲜卑瑞兽能赐予勇敢的锡伯族勇士力量，并在战场上护佑他们。现代的弓箭制作工艺中，鲜卑瑞兽的图案依旧保存着，成为锡伯族弓箭技艺的特色。时至今日，许多的锡伯族青年的身上还佩戴印有鲜卑瑞兽的坠饰，以彰显自身的勇气和对鲜卑瑞兽的崇拜之意。对鲜卑瑞兽的崇拜在锡伯族的萨满文化中也有体现，在萨满使用的手鼓中央印有鲜卑瑞兽的图案，亦有祈求瑞兽战胜恶魔或祈求平安之意。因此，鲜卑瑞兽在锡伯族民俗中象征着吉祥、勇气和战胜困难的信念。

第二节　西迁之歌

清康熙时期，锡伯族人民在不到100年的时间里，进行了四次大迁徙。尤其是18世纪中叶，为了领土完整、国家安全、边疆稳定，一支锡伯族劲旅奉旨“西迁”固边安民，万里长途跋涉，历经千辛万苦，终究未辱使命。250年风风雨雨，250年坎坎坷坷，他们与新疆各族人民相濡以沫、荣辱与共、同甘共苦、携手戍边、屯垦、开发、建设，不仅谱写了令人震撼的军旅长征史诗，而且唱响了豪情万丈的民族精神凯歌。

一、锡伯民族史上四次民族大迁徙

第一次迁徙是在康熙三十一年（1692年）。当时沙俄屡犯我边境的同时，挑拨蒙古准噶尔部的头人噶尔丹进行叛乱。清政府击退了沙俄的入侵，并平息了噶尔丹的叛乱后，为防止沙俄和噶尔丹再次闹事，调锡伯人镇守齐齐哈尔、吉林、白都讷三个军事重地。

第二次迁徙是在康熙三十八年（1699年）至康熙四十一年（1702年）期间，清政府将调驻守齐齐哈尔、吉林、白都讷的锡伯人锡伯部分为三批，“迁徙入盛京（今沈阳），并置各省驻防效力”，镇守盛京。这次迁徙的兵丁连同家眷共计有7823人。

第三次迁徙是在乾隆二十九年（1764年）清政府从盛京、辽阳和开原等15城调锡伯兵将1020人，注册家属3275人，赴新疆保卫西北边境。这次迁徙的兵丁、眷属一路跋涉，到达新疆伊犁时共计5050人。

第四次迁徙是在乾隆三十四年（1769年）清政府调派1000名锡伯兵参与云南征剿“缅匪”的战争。战争结束后，又从征大、小金川，驻守云南要塞，保守台站。至此，锡伯族历史上大迁徙运动基本结束，以后虽然还有不断流动的情况，但规模不大，锡伯族分布格局最终形成。

二、从白山黑水到伊犁河畔的万里西迁

乾隆二十九年（1764 年），锡伯族官兵一部分自盛京（今沈阳）西迁到新疆伊犁屯垦戍边。锡伯族西迁的伟大壮举及 200 余年屯垦戍边的辉煌业绩，为保卫祖国西部疆土的完整，维护祖国的统一，开发建设大西北以及保存和发展民族文化等，做出了重大的贡献，在中国近现代史上谱写了光辉的篇章。

新疆西部地区地处祖国边陲，战略位置非常重要。18 世纪中叶，清政府平定准噶尔叛乱，统一新疆之后，于 1762 年设置总统伊犁等处将军，统辖天山南北。但伊犁地区人烟稀少，土地荒芜，边防空虚。“有清一代，边患之地，莫过于新疆”。为了抵御和防止沙俄向东扩张、蚕食我国西部边陲的领土，当时驻伊犁的将军明瑞因兵力不足而上奏清朝廷：“闻得盛京（今沈阳）驻兵共有一万六七千名，其中锡伯兵四五千名。伊等未弃旧习，仍以狩猎为主，技艺尚可。”乾隆批：“由盛京锡伯兵内，拣其精明能牧者一千名，酌派官员，携眷遣往。”并指定了由塞外行走的具体路线。

清政府调迁锡伯族官兵及其家眷的旨谕下达后，盛京将军舍图肯从盛京、辽阳、开原、凤城、岫岩、金州、复州等 15 处挑选了锡伯族官兵 1020 名，官兵之家眷 3275 口。锡伯族军民按盛京将军的旨令分为两队，第一队官兵 509 名，眷属 1675 人；第二队官兵 511 人，眷属 1600 人。于农历四月初十和四月十九先后分两批起程西迁。农历四月十八日，数千名群众聚集沈阳锡伯家庙——太平寺，为西迁的第二批亲人饯行。他们杀牲祭祀祖先，焚香祈祷一路平安，共食离别饭，共饮送别酒，洒泪话别。据清代一位进北京朝贡的朝鲜使臣路过沈阳时

的见闻录中记载：乾隆二十九年（1764 年）四月十九日，由于连日下雨，使臣只好闭门不出，但当听说从沈阳抽调 1000 余名官兵携眷移驻西北边陲，立刻派人去探听。派出的人回来后讲："诸军齐会西门外，亲戚送别，男女啼哭，惨不忍闻，俄而三次炮响，哭声顿止，一齐发去。"这一史料真实记载了 1764 年沈阳锡伯族官兵西迁起程时的场景。告别的人群在出发的炮声响过后，如雷的哭声竟戛然而止，毅然决然地踏上了西迁的征途。"哭声顿止，一齐发去"表现了锡伯人的勇敢、果断、奉献的品质和精神。

锡伯族诗人管兴才在其长诗《西迁之歌》中描述了离别时的悲壮场面：

奉天省的锡伯呵眷恋故地，亲吻着沃土呜咽哭泣。圣命如山忍痛又割爱，眼望故乡十步九回难离去……满屯的乡亲流泪聚议，人间的伤别莫过于此。断肠时节应备饯别饭，观天择吉四月十八日……远去的人呀心肝摧裂，洒下的泪水把车印打湿。送行的人呵拦道号啕，哭干了眼泪又哭出了血……

西迁途中　（安素摄）

西迁的锡伯族官兵及其家属，离别了故土，告别了家乡父老，扶老携幼，赶着牛车、驼队，拉着行装，从盛京（今沈阳）出发，踏上了西迁的漫漫征程。

西迁的过程充满艰辛，一路上，锡伯族军民冒酷暑、顶严寒、越千山、涉万水，风餐露宿，日夜兼程，克服无数艰难险阻。他们出彰古台边门，经克鲁伦路和蒙古路西行，于同年农历八月下旬抵达乌里雅苏台（今蒙古国境内）。由于天寒地冻，无法继续前行，他们便在此休整过冬。在乌里雅苏台休整期间，牲畜因长途乘骑驾驭疲惫瘦弱，开春之时又有瘟疫流行，由盛京起程时所带的牛 3036 头，先后倒毙 2296 头，仅剩 740 头。所带马 2020 匹，虽死亡不多，但“大多疲瘦，生癞者众”，因此，经管带协领阿木胡郎等呈报交涉，由乌里雅苏台将军成衮扎布奏准，每两户借给马一匹计 500 匹，驼一峰计 500 峰，每人带足 4 个月口粮和 1 个月茶叶，仍分两队，于乾隆三十年（1765 年）三月初十起程，继续向伊犁进发。队伍走到科布多一带，正值阿尔泰山积雪融化，数河俱溢，水深流急，不能行进，连日等待，水退无期，只好取道绕科齐斯山而行，这时口粮已所剩无几。由乌里雅苏台所借之马、驼倒毙甚多。在粮食缺少、畜力不足、道路险阻、行军极度困难的情况下，阿木胡郎等一面咨文伊犁将军请求派人前来接济，一面带领官兵及眷属采集野菜充饥，继续前进，六月十二日、十五日，二十四日、二十六日，两队与前来接济的相遇，领取到接济物资后继续赶程。经过额米勒、巴尔鲁克、博尔塔拉、果子沟等地，于乾隆三十年七月二十日和二十二日（1765 年 9 月 4 日和 6 日）先后到达伊犁绥定一带（今霍城县）。《西迁之歌》中描述了西迁路途中的艰辛：

高陡的山路崎岖难行，健壮的老牛急喘粗气，鞭梢系过多少山头的白云，摘下来抒写怀念故乡的诗句。赶车的吆喝声有气无力，跟车的人迈着蹒跚的步履，催促的鞭子抽得皮开肉绽，一路青草涂染了斑斑血迹。

其间，锡伯人所承受的困难数不胜数，几次断粮，险境迭现。后来，锡伯人每年春季都要采摘一种名叫“乌珠穆尔”的野菜食用，以纪念在西迁途中野菜充饥的那段经历。

据史载，在进入绥定城之前，历尽千难万险、面黄肌瘦、衣衫褴褛的锡伯族军民，都穿戴上自己最好的衣帽，配武器，精神抖擞地接受了伊犁将军的检阅。令伊犁将军感到惊奇的是，乾隆皇帝原本给了三年的期限，而锡伯族军队只用了一年零三个月就到达了新疆伊犁，这次行程1万余里的迁徙，终于胜利结束。锡伯族西迁官兵及家属登记在册者为4295人，途中出生婴儿350人，在沈阳出发时还有情愿随军前来的官兵亲属405人，故实际到达伊犁为5050人。《西迁之歌》歌颂了锡伯族军民在西迁征途中坚韧不拔、不畏艰险的英雄精神：“披荆斩棘过了万水千山，栉风沐雨经受了万般苦难，男女老少紧跟坚硬的牛蹄，攀登西陲峥嵘的山峦。凭一双开天辟地的臂膀，架起了桥梁，开拓了坦途；靠一对钢铸铁打的脚板，踏平了荆棘，征服了凶险。”

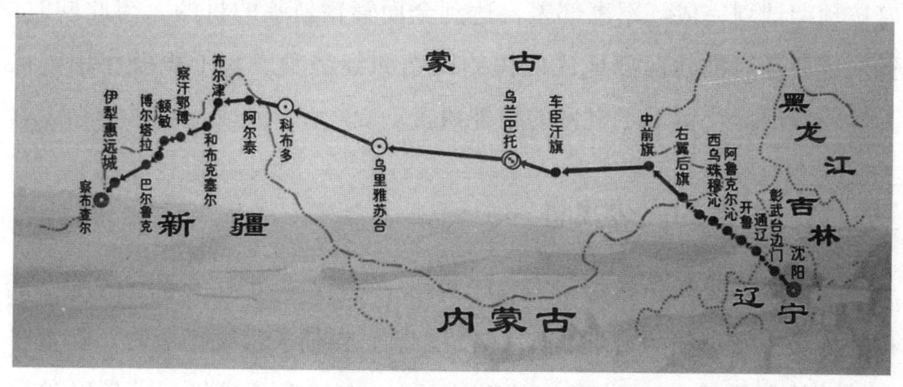

西迁路线图　（关捷提供）

这次锡伯族大迁徙，是一次“屯垦戍边”的壮举，其规模之空前，路途之遥远，历时之漫长，过程之悲壮，代价之惨烈，在中华民族史上、甚至世界民族史上都是史无前例，为中华民族写下了光辉的篇章。

锡伯族军民到达伊犁后，曾发生过这样一件感人至深的事情：据辽宁新民县大喇嘛庙乡西营子村康惠安老人讲，乾隆皇帝抽调锡伯兵驻防伊犁时，康家也去了一户，家狗亦跟随而去，三年后的一天，那条狗带着家书回来了。万里之遥，这条狗竟能寻路回归东北故土，实属罕见。狗死后，康家人埋一狗坟，特别高大，用埋狗冢以怀念远方亲人。家乡人民常年传颂这件事，充分反映了对远涉边疆亲人们的眷念。

后来，人们常于农历四月十八日这一天举行纪念活动，并逐渐形成特定的节日——“西迁节”。2006 年 6 月，新疆察布查尔锡伯自治县申报的“锡伯族西迁节”被国务院批准列入了第一批国家非物质文化遗产名录名单。

锡伯族军民的胜利西迁，对中国西部边疆——伊犁地区的政治、经济、军事、文化产生了深远的影响。特别是对伊犁地区的安全具有重要作用，不仅巩固了伊犁在新疆的政治、军事中心地位，而且清政府按预期计划完成了军事部署，达到全面管辖新疆的目的。与此同时，锡伯族西迁对推动西部地区的民族团结和经济发展起了积极作用，也为锡伯族的后代留下了宝贵的精神财富。

三、弯弓射雕的戍边飞将

锡伯族军民西迁新疆伊犁 250 年来，为保卫边疆、平定内乱、抵御外侮做出了不朽的贡献。抵达伊犁之后，锡伯人组成锡伯营，负责守卫与沙俄交界的 18 座卡伦（边防哨所），戍守喀什噶尔、塔尔巴哈台（今塔城市）等军事重镇。1828 年，锡伯营总管额尔固伦率 700 名官兵，随清军征剿叛匪张格尔。在浑巴什河战役中，锡伯将士以捐躯 150 余名官兵的代价，击溃敌军 2 万多，锡伯勇士纳松阿、舒兴阿生擒匪首张格尔，立下大功。19 世纪 60～80 年代，锡伯族军民在抵制阿古柏

反动统治、抗击沙俄侵占伊犁、迎接左宗棠收复新疆及伊犁的斗争中都有贡献。1912年，在革命党人的领导下，锡伯官兵在伊犁将军府打响新疆辛亥革命的第一枪。三区革命时期，锡伯骑兵连同国民党反动军队展开英勇的战斗，直至以血的代价与各族人民一道迎来了新疆的和平解放。

1. 驻守卡伦

在新疆察布查尔锡伯自治县和霍城县的沿中哈边境一线，至今仍可以看到一些夯土建筑围成的院落围墙遗址，这些遗址占地面积多在1000平方米左右，平面呈正方形，坐北朝南，围墙残高3～4米，厚2米左右，个别的还有角楼遗迹。这就是清代的卡伦遗址。

卡伦遗址　（安素摄）

清代的伊犁是新疆政治、经济、文化和军事中心。伊犁将军坐镇伊犁，管辖天山南北。清政府调遣锡伯族军民驻防伊犁地区，主要任务是戍边、防守台站、驻守卡伦。这项任务从锡伯族到达伊犁后一直持续到民国初年。卡伦在锡伯族西迁后占有重要的地位，它不仅仅是一个驻守边关的哨卡，更重要的是卡伦本身蕴含了锡伯族的爱国主义精神。

“卡伦”是满、锡伯语 kalun 的译音，在满语、锡伯语以及蒙古语中都有“瞭望”、“守卫”、“哨所”之意，其在清代的功能也是“瞭望”、“守卫”。

卡伦按设置方式可分为常设卡伦、移设卡伦、添撤卡伦三种类型。常年设置、固定驻守的卡伦叫常设卡伦，这些卡伦多在重要通道、隘口上；按季节不同而转移设置地点的卡伦叫移设卡伦，这种卡伦多随牧民于不同季节逐水草而迁徙，按一定规律往返循环；在固定地点根据需要随时设置或撤回的卡伦叫添撤卡伦，此类卡伦担负季节性的侦察瞭望勤务，执行矿山、屯田等季节性生产场所的警卫任务。清代中叶新疆地区卡伦具有守卫边防和内部治安两种性质，每座卡伦都担负通信、巡察以及瞭望等重要任务，其主要职能是稽查行旅、管理游牧、拘捕逃犯、维护地方治安、保证交通安全等。

清政府为了加强对天山南北的管辖，设立了众多的卡伦和台站。其中锡伯营管辖的有 18 处，如固尔班托海卡伦、安达拉卡伦、沙巴尔托海卡伦、托里卡伦、马哈沁布拉克卡伦、春稽卡伦、乌里雅苏图卡伦、额木讷察罕乌苏卡伦、霍依图察罕乌苏卡伦、塔木哈卡伦、察罕托海卡伦、托赉图卡伦、沙喇托罗海卡伦、厄里音莫多卡伦、头勒克卡伦、察林河口卡伦、塔木哈色沁卡伦和大桥卡伦。驻守卡伦一方面是为了巡视边境的安全，另一方面则是训练官兵的骑射和行军技艺。

200 多年来，锡伯军民把防守卡伦、驻守台站当成自己神圣职责，在祖国西陲千里边防线上，不畏艰辛，团结一致，戍守边疆，成为维护祖国统一的有力屏障和坚强卫士，为边防安全和边疆稳定做出了重要贡献。如今，新疆察布查尔锡伯自治县每年在“西迁节”期间都举行“卡伦公祭大典”，祭祀锡伯族戍边先辈，教育锡伯族青少年铭记卡伦，铭记历史。

2. 巡查边界

在清代，伊犁以西自北往南一直有哈萨克和柯尔克孜（清代称布鲁特）牧民游牧，他们每年与清朝进行贸易，交往极其频繁。因此，清政府为了维护和安定边界游牧民的正常生产和生活秩序，自乾隆年间起，每年夏、秋定期差派塔尔巴哈台领队大臣一员，携协领等官员，抽调锡伯、满等营官兵300名前去巡查哈萨克和布鲁特边界游牧民，并收马租。

戍边的锡伯族　（安素摄）

3. 反击缅兵侵略，保卫祖国西南边境

乾隆三十年（1765年），缅甸孟土司召散等侵犯我国云南普洱府境，攻占东里等地，对边境居民进行烧杀抢掠，无恶不作。次年，又纵兵围攻腾越、永昌各边地。1767年清政府以明瑞为云贵总督率军进剿，但为缅甸所败。缅军向我纵深进攻。1769年清政府谕令盛京将军恒禄等选派所属锡伯官兵作为增援兵赴滇作战。盛京将军遵旨拣选所属“新满洲锡伯兵”1000名于1769年7月中旬经京师抵达云南前线。

他们在云南前线据守渡口，驻守要塞，设置驿站，投阵作战。经数月交战，缅军慑于大军威力，在缅境与清军议和。次年，锡伯官兵等撤回盛京。在此战争中，1000名官兵中有105名为保卫祖国边境献出了生命。

4. 抗击外来侵略

锡伯营官兵在驻防守边的同时，还多次应征参加了维护祖国统一、抗击外来侵略、平定内部叛乱的军事斗争，为维护祖国的统一，建立了不可磨灭的历史功勋。

19世纪20年代，流亡在浩罕的大和卓波罗尼都之孙张格尔在英国和浩罕的支持下，屡次进犯南疆，并且占据了喀什噶尔、叶尔羌、英吉沙尔与和田等城，烧杀掠夺，无恶不作，南疆人民生活在水深火热中。喀什噶尔官兵几次出击皆失利。于是，清政府调集军队奔赴南疆会剿张格尔部。道光五年（1825年），伊犁将军指派锡伯营总管额尔固伦带领锡伯官兵500人越冰大阪驰赴喀什噶尔，并将原换防喀什噶尔的锡伯营驻防兵300人亦归总管额尔固伦统领。为了国土的完整统一，锡伯族官兵与各路官兵并肩作战，历经千辛万苦，至道光六年（1826年），在噶尔浑巴什河决定性战役中，锡伯族700名官兵背水一战，打败了敌兵。最后，于道光八年（1828年）一月，锡伯族官兵与各路官兵在喀尔铁盖山与叛军交战，锡伯马甲纳松阿、舒兴阿和绿营兵胡超、段永福等活捉了张格尔。锡伯族官兵的英勇作战对平叛胜利起了非常重要的作用。

平定了张格尔叛乱，给英殖民侵略者以迎头痛击，挫败了帝国主义的侵略阴谋。嗣后，道光皇帝诏见此次战役有功的锡伯营总管额尔固伦、纳松阿、舒兴阿和德克精阿四人，授予额尔固伦头品顶戴，赐“国尔明阿巴图鲁”号，纳松阿、舒兴阿、德克精阿亦蒙赏三品花翎。纳松阿赐号“法福里巴图鲁”，舒兴阿赐号“西拉布阿巴图鲁”，德克

精阿赐号“其拉阿巴图鲁”，他们均图像紫光阁，以表惠勇。

咸丰末年（《恰克图条约》未订之前），沙俄军队侵袭我伊犁边界，首犯博尔霍吉尔卡伦（系索伦部驻守卡伦），当即伊犁将军派官兵4000人，其中指派锡伯营总管德格都，带领本营官兵500人，与各营官兵一同开往博尔霍吉尔地方与俄军作战。锡伯族官兵不怕牺牲，奋勇杀敌，抵御了沙俄的入侵。后因中俄恰克图谈判开始，双方才停止战事。

锡伯族官兵在反抗伊犁地区“苏丹汗国”，抗击沙皇对伊犁的殖民统治的斗争中，英勇不屈。同治三年（1864年），伊犁地区的维吾尔、回族人民因反抗附加税而起义，攻占伊犁。农民起义军推翻清政府在伊犁的统治不久，胜利果实被封建地主和宗教上层篡夺，出现了“苏丹汗国”的封建割据局面，而劳动人民又进一步受到压迫和剥削。在英国殖民主义者支持下，“苏丹汗国”极端专横残暴，引起各民族人民的反抗。为维护祖国的统一，锡伯族人民动员了全部人力和物力来反抗“苏丹汗国”的分裂阴谋，反对阿古柏的侵略。1876年，当清军收复新疆时，锡伯族在总管喀尔莽阿的带领下，与伊犁各族人民一起积极配合，创造了收复伊犁的有利形势。清军很快就消灭了英国殖民主义扶植下的阿古柏反动势力。光绪七年（1881年），清政府与沙俄签订《中俄伊犁条约》，被沙俄占领10年之久的伊犁从此回到祖国的怀抱。

由于战争中的伤亡和“苏丹汗国”的血腥统治，到战争结束时，锡伯族人口从同治初年的20 000余人减少到13 000余人，约有7000余人死于兵燹饥饿之中。

5. 投身辛亥革命

民国元年（1912年），伊犁代理协统杨缵绪响应辛亥革命的召唤，领导伊犁军民起义，推翻了伊犁地区的清朝政权，将锡伯、索伦、察哈尔、厄鲁特四营官兵联合组成民军。这时，新疆巡抚袁大化坚持反动立场，敌视辛亥革命，为了恢复清朝在伊犁的统治，亲自带兵进攻起义的伊犁革命军，妄想扼杀革命力量。锡伯营军民坚决拥护起义，伊犁革命军在杨缵绪的指挥下，锡伯营有400人与保皇派袁大化转战在精河、托托、沙泉等地。在这次起义中，共2000名锡伯官兵参加战斗。在战斗中，有200余名锡伯族官兵光荣地献出了自己的生命。锡伯族群众在物质上也对革命军给予了大力支持。

6. 民族英雄额尔古伦

额尔古伦，伊拉里氏，锡伯营镶红旗人。19岁时应试入选披甲，即在卡伦、台站当差，不久便升任委官、骁骑校等职。嘉庆八年（1803年）升任正白旗（一牛录）佐领。任内勤奋肯干，又善旗务，于嘉庆十六年（1811年）升任锡伯营副总管，于嘉庆十九年（1814年）升任锡伯营总管，是年46岁。

道光初年，大和卓波罗尼都之后裔张格尔，在英殖民主义者的怂恿和浩罕统治者的支持下，大举侵犯南疆。道光四年（1824年）十月，清政府谕伊犁将军庆祥为喀什噶尔参赞大臣，并指派锡伯营总管额尔古伦带领锡伯营官兵越冰岭驰赴喀什噶尔。

道光六年（1826年）七月，张格尔率安集延布鲁特人，由开齐山路入境至阿尔图什庄，喀什噶尔参赞大臣庆祥派兵千余围剿。张格尔裹胁维吾尔族群众10 000多人，分为两股，一股攻喀什噶尔，一股攻叶尔羌。同年八月，浩罕又出兵万余人来助张格尔，清官兵死守喀什噶尔城达两月之久，终因敌我力量悬殊，伤亡惨重，喀什噶尔汉城继回城之后被攻陷，参赞大臣庆祥自杀殉国。在这危急时刻，额尔古伦勇敢地担起指挥的重任，利用风雨之夜，率领官兵突围，结果只有800余人突出重围，他们历经千难万险投奔阿克苏。

道光六年（1826年）九月，张格尔的主力逼近阿克苏南面的浑巴

什河，距阿克苏仅 80 里地。“此次长清派额尔古伦带领锡伯等官兵三百多名，该营官兵二百多名过浑巴什河堵剿”。九月中旬，张格尔所部 6000 多人数次企图强渡浑巴什河，均被额尔古伦所率官兵打退。九月二十三日，叛军又分四股强渡，额尔古伦率领锡伯营官兵背水一战，取得了浑巴什河战斗的胜利，从而为收复南疆西四城奠定了基础。接着，额尔古伦继续率领锡伯营官兵会同各省援军，参加了柯尔坪、大河拐、洋阿尔巴特、排子巴特、沙布都尔庄等战斗，“额尔古伦所带官兵，自知罪重，历次打仗均极奋勉”，肯定了额尔古伦为平叛的全面胜利做出的贡献。

张格尔逃出喀什噶尔城后重新纠集人马，伺机反扑。额尔古伦率领锡伯、索伦营官兵配合各路清军，乘胜追击。张格尔逃往喀尔铁盖山。都司段永福、胡超各带兵穷追不舍，张格尔无路可逃，要拔刀自刎，胡超、段永福、锡伯营马甲讷松阿、舒兴阿等夺刀并生擒张格尔，还活捉其手下 8 名头目。道光八年（1828 年）初，经扬威将军长龄保奏，奉旨赏加额尔古伦副都统衔，并赏赐恒勇巴图鲁名号，画其身像，入紫光阁。同年八月，升任喀什噶尔帮办大臣。

道光九年（1829 年）12 月，额尔古伦调任伊犁巴彦岱领队大臣，不久，调任索伦营领队大臣。

道光十年（1830 年），妄图分裂中国的浩罕统治者，不甘心在南疆进犯的失败。他们继续利用张格尔之兄玉素甫和卓，率军再度侵犯南疆，额尔古伦又奉命出征喀什噶尔。在乌鲁木齐等地清军援兵的配合下，很快解除了叛军对各城的包围，从而平息了玉素甫和卓之乱，稳定了南疆局势。

道光十一年（1831 年）10 月，额尔古伦调任喀什噶尔领队大臣，是年 63 岁。他因多年征战，身患多种疾病。于道光十三年（1833 年）卸任回家，后死于家中，终年 65 岁。

第三节 塞外江南：人与自然和谐的生态环境

锡伯族呈现大分散、小集中的分布局面。辽宁省锡伯族居住的“锡伯屯”，大都坐落在九河下梢的涝洼地带；留居吉林省的锡伯族，则在松花江中游，以及松嫩平原一带居住移驻伊犁的锡伯族大都沿伊犁河岸边定居。他们在各自所处的自然环境里，利用地利，劳动生息，发展壮大。

锡伯族主要居住在辽宁省和新疆维吾尔自治区。新疆的锡伯族主要居住在伊犁哈萨克自治州。伊犁哈萨克自治州是中国西部面积最大、风景最美的绿洲之一，更是中国西部资源最丰盈的绿洲之一。这里沃野千里、草原辽阔、水源充足、气候湿润、物产丰富，素有“塞外江南”的美称。

一、全国唯一锡伯族自治县——察布查尔

新疆维吾尔自治区察布查尔锡伯族自治县直属伊犁哈萨克自治州管辖，地处东经 80°31′～ 81°43′、北纬 43°17′～ 43°57′之间，位于新疆伊犁河南岸，帖木里克山北麓。县城距乌鲁木齐市 695 千米，辖 2 个镇、11 个乡。这是全国唯一的以锡伯族为主体的多民族居住的锡伯族自治县，有维吾尔、汉、哈萨克、回、锡伯等 25 个民族，总面积 4430 平方千米。2010 年第六次全国人口普查 19.41 万人。察布查尔地势南高北低，南部为山区、丘陵，中部为倾斜平原，北部为伊犁河冲积平原。整个县境犹如一把打开的折扇，由南向北展开。新疆流量最大的伊犁河宛如镶嵌在扇边的玉带，环绕在自治县的北面，蜿蜒盘旋，出国境向西部的哈萨克斯坦共和国流去，流入巴尔喀什湖。北面隔着伊犁河与伊犁哈萨克自治州首府伊宁市及伊宁县、霍城县相望，南部

以山为界和昭苏县、特克斯县毗连，东邻巩留县，西部与哈萨克斯坦共和国接壤，边境线长达72千米。

察布查尔锡伯自治县县城 （文新摄）

二、“新的村庄”——伊车嘎善锡伯族乡

新疆伊犁哈萨克自治州霍城县伊车嘎善锡伯乡是新疆境内唯一的锡伯民族乡，位于新疆西北边陲天山支脉喀拉布拉克山南脚下，东连清水经济技术开发区，西靠霍尔果斯口岸，距霍城县城27千米，距霍尔果斯口岸20千米，赛霍高速公路沿边而过，交通便利，位置优越。下辖伊车嘎善、喀拉塔斯、柳树渠、赤哲嘎善、加尔苏5个行政村28个村民小组，有中小学校3所，教学点一所，乡级卫生院1所。全乡总面积80平方千米，总人口1.35万人，由锡伯、汉、回、哈萨克、维吾尔、达斡尔、俄罗斯、蒙古、东乡、裕固、柯尔克孜、壮、满13个民族组成，其中锡伯族占总人口的13.3%，汉族占总人口的65%。

2011年全乡人均收入达到9005元。

嘎善锡伯人　（安素摄）

“伊车嘎善”是锡伯语，意思是“新的村庄”。清乾隆二十九年（1764年）1020名锡伯族官兵连同家眷3000多人从沈阳长途跋涉，历经千辛万苦迁至伊犁河畔驻防屯垦。1798年，由于战争和瘟疫，使驻守在伊犁河北岸的“索伦营”兵员大减。当时奏请清政府同意后从锡伯八旗中抽调一部分人到伊犁河北岸驻防，履行戍边的历史使命。新中国成立后，1953年实施民族区域自治，全疆选择霍城锡伯族聚居的伊车嘎善做试点，于1953年11月15日成立了全国第一个锡伯族自治乡——霍城县伊车嘎善锡伯自治乡，1984年又恢复为伊车嘎善锡伯民族乡。

三、伊犁河谷上独领风骚的绿洲——巩留县

巩留县地处新疆伊犁地区中部，伊犁河上游南侧，北濒伊犁河，南倚那拉提山及伊什格力克山，东经 81°34′～83°35′、北纬 42°54′～43°38′之间，气候湿润，水土丰沃，植被繁茂，矿产丰富，是伊犁交通要冲，也是伊犁哈萨克自治州连通南疆的必经之地。

巩留县是多民族聚居地，包括维吾尔、汉、哈萨克、回、蒙、柯、锡等 23 个民族。各民族都具有悠久的历史，灿烂的文化，不同的社会形态和多姿多彩的风俗民情，令人流连忘返，回味无穷。

巩留县境内的西天山国家级自然保护区、野生核桃自然保护区是伊犁河谷上独领风骚的绿洲。在这形似彩蝶的大地上，水资源丰富，河流纵横，地表水年径流量 80 亿立方米，可利用水能 46 万千瓦。现有耕地 42.5 万亩，林地 126.1 万亩，森林覆盖率 16.41%。巩留气候湿润，年平均气温 7.4℃，四季分明，夏无酷暑，冬无严寒，极适合开发旅游业。

巩留东部山区野生资源极其丰富，自然活立木蓄积 1810 万立方米，珍禽异兽 100 余种，其中国家二三级保护动物 12 种，盛产 200 多种中药材，部分名贵中药已大面积栽培成功。巩留县库尔德宁是天山雪岭云杉最繁茂的地带，堪称欧亚大陆腹地野生物种天然基因库，是天山森林生态系统最为典型的代表。巩留县野核桃属第三纪孑遗物种，极为珍稀，被誉为“植物基因活化石”。雄伟的喀班巴依峰，迷人的恰西河，壮丽的荷苍峡谷，广阔的洪恩墩大草原，历史悠久的古代文化遗址，这些古墓群、岩画、草原石人、原始村落都记载着久远的民族文化、悲壮的历史故事。

巩留县 2010 年年末锡伯族人口 1150 人。巩留县于 1838 年开始为满营旗屯地，俗称特古斯塔柳老满营皇工地，直隶伊犁将军府。光绪

二十一年（1895 年）由于锡伯八旗色布西贤领队提出派兵到该地屯田的设想，经伊犁将军准许后，派兵 40 名屯田，1897 年发现此处地理环境适合屯田放牧，为此要挖渠引水，作长久之计，又深感人力不足，1898 年农历三月初带领 300 多兵民迁移到巩留，开始挖渠屯田，锡伯族兵民近 200 人挖成了全长 100 余里的大渠，开垦了 10 余万亩良田，1903 年此渠被命名为锡伯渠。1930 年成立巩留县，新中国成立以后，锡伯族人们跟其他少数民族一道共同劳动、和睦相处、共同谱写了光辉篇章。

四、新疆的“粮仓、油库、肉库”——塔城

塔城原称塔尔巴哈台（蒙古语），位于新疆维吾尔自治区西北部，是伊犁哈萨克自治州塔城地区下辖的一个县级市。塔城地区是哈萨克、汉、维吾尔、塔塔尔族、乌孜别克族、柯尔克孜、达斡尔、锡伯、俄罗斯等 29 个民族聚居的地区，有万人以上的少数民族 9 个。

塔城地区是边境地区，所属的二市五县中有四县一市属边境县(市)，边境线长达 546 千米。塔城地区辖塔城市、额敏县、裕民县、托里县、乌苏市、沙湾县和和布克赛尔蒙古自治县。区内还有新疆生产建设兵团农七、八、九、十师所属的 36 个农垦团场。塔城地区属中温带干旱和半干旱气候区，塔城盆地降水量稍多，年均 290 毫米。

塔城地区幅员辽阔，物产丰富，宜农宜牧，素有新疆的“粮仓、油库、肉库”之称。经过近 50 年的开发建设，塔城地区已发展成为新疆维吾尔自治区主要的粮、油、甜菜、新疆细毛羊、塔城褐牛生产基地。全地区人均占有粮食为新疆维吾尔自治区的第一位。人均占有牲畜、油料为新疆维吾尔自治区的第二位。

1766 年，在楚呼楚修建绥靖城（今塔城），设置卡伦（哨所）；驻守塔尔巴哈台的军队中有锡伯族官兵 130 余人，是为锡伯族移居塔城

塔城风光　（安素摄）

之始。1891 年，锡伯族编入新满营的正红旗和正蓝旗；民国初年裁旗归农。岁去年来，人丁衍盛，基本上成为塔城土著。历史上在该乡五工屯垦的锡伯族官兵修建阿不都拉大渠，始兴农业。该渠至今仍为本乡引山水灌溉农田的主要渠道。

塔城地区的锡伯人在工作和生活交往中能够熟练地使用汉语、哈萨克语，有的还通晓俄语。历史上曾经学习使用过满语语文和锡伯语文，但在大语言环境下，现已基本遗忘，目前只会简单的口头语。他们有自己的口头文学，仍保留着本民族的文化传统，擅长射箭和剪纸，能歌善舞。历史上由于塔城地区边贸发达，位处边境，民族关系融洽和谐，在生活方式、风俗习惯等方面各民族互相学习，互相影响，取长补短，在文学艺术、建筑风格、娱乐休闲等方面互相交融，锡伯族也受此影响，使自己的文化艺术体现多元性。

喀拉哈巴克乡是塔城地区的锡伯人比较集中居住的地方，位于塔城市东部，距城区 14 千米。东邻恰合吉牧场，南与博孜达克农场和也门勒乡接壤，西与阿西尔达斡尔民族乡毗邻，北与阿不都拉乡相连，总面积290平方千米。有14个民族，锡伯族有444人。

清同治五年（1866年），由锡伯人、达斡尔人组成的索伦营官兵，因伊犁地区举行反清起义，被迫退入俄境，清同治七年（1868年）辗转来到塔城，被编为索伦八旗。清光绪七年（1881年），塔尔巴哈台参赞大臣锡伦从索伦八旗中挑选出右翼马队一营留驻塔城，其余全部调回伊犁。民国元年（1912年），塔城参赞大臣毕桂芳呈准政府裁旗归农，驻塔城的锡伯族官兵遂弃甲连同家属定居塔城县的喀拉哈巴克地方。

由于该乡的锡伯族人与哈萨克族、汉族人民长期交往，他们大都通晓汉、哈萨克语言文字，故多有翻译人才。这里的锡伯族在饮食方面以面食为主食，喜欢奶茶、乳制品和牛、羊、猪肉。在文化上因多受俄罗斯文化的影响，性格较豪放，擅长演奏俄罗斯的乐器巴扬（手风琴）、曼陀林，巴莱里卡（三角琴）和跳舞唱歌。

五、全国第二大锡伯族聚居区——沈阳北新区

沈阳北新区是仅次于新疆察布查尔锡伯族自治县的全国第二大锡伯族聚居区，该区地处沈阳中心城市的北部，东经123°，北纬41～42°之间，区域面积1098平方千米。2006年3月，沈阳市委、市政府将新城子区与辉山农业高新技术开发区合署办公，组建沈新区，新区享有市级经济管理权和部分城市规划建设权；同年10月，国务院正式批准成立沈北新区。

沈北新区下辖5个乡、6个镇、3个街道办事处、4个开发区和6个产业园区，有144个行政村和34个社区，共有40万人口。境内居住着汉、满、回、锡伯、朝鲜14个民族。

沈北新区属暖温带半湿润气候，四季分明。地势东高西低，东部为丘陵，中西部为平原。物产资源丰富，煤炭、矿泉水储量巨大，水稻、

苹果梨、花卉、苗木等农产品远近闻名。历史文化悠久，旅游资源丰富，国家AAAA级旅游风景区、华夏一绝——沈阳怪坡享誉海内外，七星山、沈阳国家森林公园、明代薄河古城、辽金石佛寺、辽双州城遗址、石佛寺水库等旅游景观远近闻名，是中国生气勃勃绿色旅游之乡。

沈北新区的矿产资源主要有煤炭、石灰石等。沈北地区风光绮丽，历史悠久，名胜众多，人文古迹众多，民族风情浓郁，旅游资源十分丰富，自然旅游资源主要有：怪坡、七星山、石佛寺水库等；人文旅游资源主要有：净居院舍利塔、石佛寺、辽双州城址、锡伯族民俗村等。

沈北新区处于辽河与浑河两大水系之间，流经境内的较大河流有辽河和蒲河。其中辽河水系有万泉河、羊肠河、长河和左小河；浑河水系有蒲河和九龙河。

沈北新区是建设东北老工业基地改革开放试验区、自主创新先导区、新农村建设示范区、着力打造创新沈北、生态沈北、文化沈北、宜居沈北，努力把沈北新区建设成为经济发达、环境优美、文化繁荣、社会和谐的绿色生态城市，加快实现十年在沈阳北部现造一座“生态沈阳城”的宏伟目标。

第二章

社会组织　宗教信仰

第一节　社会组织

关于锡伯族在历史上经过了哪些社会发展阶段，其各个阶段的社会性质又是怎样，经济状况如何？史书记载不多。

锡伯族是鲜卑的后裔，南迁的鲜卑人在公元4～6世纪建立了许多王朝，但只有仍留居在大兴安岭以及嫩江西岸，并以绰尔河、洮尔河流域为中心活动区域的一小部分人继续保持了原来的生活习俗，社会组织处于原始社会末期的部落联盟阶段。自隋唐至元王朝，他们在史书记载里又以室韦或失韦等同音异写的族称仍活动在嫩江西岸。明朝时期和汉、蒙、女真等民族杂处。他们虽在政治上隶属于中原各王朝，但在一定程度上还保持着独特的社会组织、经济生活方式。

17世纪末叶，生活在嫩江西岸的锡伯族被满族征服之后，被编入“八旗”组织之中。从此又在八旗制度的制约之下，生活了300余年，直到20世纪30年代前后，锡伯族还残留着形式上的氏族组织，同时还保留着八旗制度的残迹。

一、氏族组织

氏族，也叫作氏族公社，是以血缘关系为纽带的原始社会的“基本细胞”。氏族公社阶段为世界绝大多数民族所必经，由于历史原因，锡伯族的氏族制阶段是比较漫长的。随着整个社会的发展，受其统治民族经济文化的影响，本民族的生产水平也逐渐地提高，其社会组织也在发生变化，使之原来的血缘关系渐渐地失去它的作用，而过渡到了以一夫一妻制的个体家庭为单位的按地缘关系结合的“嘎善发尔噶”为基础的社会组织。锡伯族的每一个“嘎善”都是由不同的“哈拉”和“莫昆”组成的。

锡伯族的“哈拉”为同一个祖先的后代，是以血缘为纽带的氏族，“哈拉”内是绝对禁止通婚的。“哈拉”传至五六代以后便分出“莫昆”，这时的“哈拉”就演变成一个胞族，因此，每一个“哈拉”包括几个“莫昆”（即氏族），锡伯族的氏族是若干个同一祖先繁殖的后代组成的大家庭。

据记载和民间传说，锡伯族的姓氏也很繁多，约有90余种姓氏，这也与有关拓跋鲜卑的史实相吻合。如《魏书·序纪》云：“积六十七世，至成皇帝讳毛立。聪明武略，远近所推，统国三十六，大姓九十九……”这里所谓的“国”，就是当时的氏族集团或部落；所谓“大姓”当指哈拉，即九十九姓氏。随着历史的发展，居住地区的演变，一个氏族，也可以在适合的条件下，繁衍扩大，或分支成为新的氏族。如乾隆二十九年（1764年），从盛京所属各地西迁伊犁驻防的锡伯营镶黄旗（即头牛录）的图克色里氏（汉译为佟姓）和永妥里氏（汉译为永姓）两氏族，由于氏族内部的纠纷，引起了分支，产生了新的姓氏。原图克色里氏族中分离出来的一部分成为“图木尔齐”哈拉，汉译为涂姓（但是在他们的宗谱上仍写着图克色里氏），永妥里氏也是因氏族内部的冲突，分出一支，改称为莫图里氏。像这样由一个姓氏分支成新的姓氏、新的莫昆之事，在锡伯族的氏族组织中也是不少见的。

由于历史资料缺乏，对锡伯族姓氏的来源和含义至今无法解释清楚。但是，有一点可以肯定，那就是除个别几个姓氏与满族的姓氏相同之外，其绝大部分姓氏和满族、达斡尔族、蒙古族的姓氏是不一样的，有其独特的一面。

锡伯族的嘎善里，一般包括五六个氏族到十几个氏族。一个氏族最大的有百多户，小的也有几十户。

锡伯族的氏族有一定的组织形式——“莫昆义善”（即氏族会议）。“莫昆义善”是由如下的成员组成：莫昆达（氏族长），由族中辈分高、德高望重的长者担任。族长之下又有若干成员——莫昆义善，共同协助治理莫昆里的大小诸事。他们是由祖辈、父辈、子辈、孙子辈中各挑选一人组成的。妇女亦如男子一样，按辈分挑选一人，她们多主持氏族内妇女的事情。

莫昆义善的成员是通过族中的长者们共同商议，选举而产生。莫昆义善里莫昆达的职能是主持这一氏族的重大祭祀活动，供奉宗谱，调解氏族内部的纠纷，惩处违犯家规的氏族成员，以保护本氏族的尊严。

重大的祭祖活动，就是指每年大年三十和初一日，全氏族的男女老少首先来到莫昆达家里，在这里向“宗谱”（即氏族谱系）叩头拜节，也向莫昆达拜节。每一个氏族，在正月里举行一次“莫昆会议”（又称家谱会议），会议上除商议氏族内的日常事务之外，所参加的长者们还共同对本氏族的男女在一年之内违犯家规和一般纠纷进行审讯、惩罚和调解。锡伯族的莫昆会议有很大的权力，氏族内部的有关人命等重大案件，也可以在氏族内部协商解决。每一个氏族都有氏族会议所共同制定的“家规”（氏族章程），是氏族内部不成文的法律。凡是氏族的成员，必须绝对服从，不能越规。

二、八旗制度

八旗制度“以旗统人，即以旗统兵”，“出则备战，入则务农”，是军政合一，兵民一体的社会组织形式。八旗制度具有行政管理、军事征伐、组织生产等职能。它是从女真人狩猎时实行的“牛录”组织逐步发展演变而来的一种社会组织形式。

锡伯族的编旗早在后金天命十年（1625年）时就开始了。那时，就有部分锡伯人归服努尔哈赤，加入了满洲八旗；后来，科尔沁蒙古被编旗时，隶属科尔沁蒙古的锡伯人就被编入蒙古八旗。

康熙三十一年（1692年），科尔沁王台吉将锡伯人进献给清政府，锡伯族就全部被编入满洲八旗，分属于各牛录里，所以没有以锡伯族为主的锡伯牛录。

直到乾隆三十二年（1767年）由盛京移驻新疆伊犁地区的锡伯官兵才正式组建“锡伯营”，才有了锡伯牛录（仅限于新疆）。锡伯营同索伦、察哈尔、厄鲁特统称“伊犁四营”，又叫外八旗，与满营是有区别的。

锡伯营的牛录，在人员构成上基本上是按原来的氏族组织划分的。几个“哈拉”组成一个牛录，但也有一个“哈拉”分散在几个牛录里的情况。锡伯营设领队大臣一员，驻惠远城。营下设有总管、副总管各一员，专管本营八个牛录的兵民一切事宜。驻本营，其办事机构为“总管档房”，总管档房下辖八个牛录，牛录的办事机构为“旗下档房”，设佐领、防御、骁骑校、委官各一员，领催四员，披甲（兵丁）150～300人，连同家属约1000～2000人不等。每牛录都设有社仓，囤积粮食，以备春耕时，由社仓发放种子，也用于救济本牛录里的鳏寡孤独者；设有官牧场，展牛录的牲畜，以备兵丁当差和其他公差上使用。每个牛录还设有监牢、兵器库等。

锡伯族是长期生活在氏族组织和特殊的八旗制度里，所以，氏族组织和八旗制度可以说是锡伯族的社会组织了。

第二节　宗教信仰

锡伯族的宗教信仰比较淡薄，早先崇拜自然神，后又信奉萨满教和喇嘛教，但最崇拜的是老祖宗喜利妈妈和海尔堪玛法。

锡伯族在长期从事狩猎、农牧业生产的过程中，产生了许多原始信仰，并成为精神生活的一部分。如猎神崇拜、渔神崇拜、天地神崇拜、牲畜神崇拜、喜利妈妈崇拜、祖先崇拜、灶神崇拜、门神崇拜、土地神崇拜、狐仙崇拜等。

一、至高无上的祖先崇拜

祖先崇拜是锡伯族各种崇拜中最重要的一项，它包括对先祖、对恩人、对本民族英雄人物、对异族恩人、对先师的崇拜和对其灵魂的祭祀。

人死留魂。灵魂不灭的观念使人们逢年过节想起先祖，并对他们加以祀奉。祭祀的形式主要有烧香磕头、供食烧纸钱上。一般每年举行三次大的祭祀活动。第一次是 4 月份的清明节里，族长带领家族成员上祖坟，供祭鱼肉，烧香化钱，跪拜磕头，并给祖坟培土。第二次是在 8 月份的清明节里，家长带领家庭成员，携瓜果上祖坟祭祀。第三次是大年三十晚上，由家长主持，在门旁“土地之神位”前摆上供桌，上置各种佳肴，由家长主持磕三个头，祭酒烧纸钱。然后又带着家庭男性成员到本家族存家谱者家里，为去世的祖先烧香磕头，听其为后辈讲家族承袭情况。另外，年轻人新婚后的第三天，新娘新郎还要上祖坟烧香供食，让新娘识坟。

锡伯族崇拜祖先，历史悠久。崇拜祖先胜过信奉萨满、喇嘛和其他诸神灵。锡伯族无论大小户人家，都供奉喜利妈妈和海尔堪玛法，分别为男女祖宗。喜利妈妈是女祖宗，海尔堪玛法是男祖宗。

1. 喜利妈妈——锡伯族的兴旺图腾

喜利妈妈在东北锡伯族中汉译为“子孙妈妈”，意思是有了女祖宗，子子孙孙才能不断地繁衍生息，一代接一代地传下去，也包含保佑家宅平安和人丁兴旺之意。因而，过年时给“喜利妈妈”贴“福”字，或是贴上“供圣喜生聪明子，奉神永保寿男儿”等对联。喜利妈妈的象征仪标，是一条两丈多长的丝绳，上系小弓箭、小靴鞋、箭袋、摇篮、铜钱、布条、背式骨（猪羊膝骨）、木锹、木叉等物，其中背式骨表明辈数，即添一辈人，加一背式骨，小弓箭表明男儿，添一男孩，两个背式骨之间就添一张小弓箭；布条表明女孩，在这一辈有几个女孩，同样有几块布条。摇篮、小靴鞋等表示子孙满堂，箭袋表示男儿长大之后，成为骑射能手；铜钱表示一家生活富裕；木锹、木叉等表示农业丰收。

锡伯族人家在西屋内西北墙角上，供喜利妈妈。平时装入纸袋内，挂在西屋西北角墙上，每逢除夕，由袋内取出，从西北墙角，斜拉到东南墙角上，烧香磕头。到二月初二，再装入纸袋里，挂回原处。这一仪式，带有结绳记事的意义，是家族繁衍的标记，主要是记其一家的辈数、人口数和男女数等，是锡伯族没有文字时代的家谱。有了文字以后，家谱代替了“喜利妈妈”的作用，而“喜利妈妈”则被锡伯族人视为保佑子孙后代的神灵而保存下来。

2. 海尔堪玛法的传说

男祖宗叫作“海尔堪玛法”（锡伯语“玛法”是祖宗的意思）。海尔堪玛法供在西屋外西南墙角上，那里钉有木板一块，上放香炉，墙内掏洞，里面有木盒子，木盒里有一块布，布上画着男人坐像，也有木雕的海尔堪玛法神像，即这一家的男祖宗，因为，男子经常在外放牧、狩猎，故将其神位供在室外。

海尔堪玛法后来也被神化为保护牲畜的神。在古代锡伯族的经济生活中，畜牧业占着相当重要的地位，因此，他们对牲畜的繁殖和安全是非常关心的。所以，每家供奉海尔堪玛法，逢年过节，烧香磕头。主人还要把自己最心爱的骏马献给海尔堪玛法。献马仪式是将羽毛或红布条系在马尾上，然后把马拴在海尔堪玛法的神位前面，给海尔堪玛法骑用。主人将马拴在“海尔堪玛法”像前时，由萨满唱起赞歌，赞扬马神的功绩。唱完之后，萨满端起一碗米酒，给马灌下，此后，这匹马被称为“神马”。“神马”不干活，不剪鬃，不修尾，用好料饲养，除主人外，别人不能骑用。就这样，一代一代相传，把男祖宗“海尔堪玛法”当成保护牲畜的神来供奉祭祀。

锡伯族崇拜祖先的习惯承袭了鲜卑人的习俗。随着时代的进步，人们心目中的宗教色彩越来越淡薄，但对祖先的崇拜保留至今。

二、降妖除魔的萨满教

由于锡伯族长期崇拜自然神，幻想以祈祷、祭祀或巫术来影响主宰自然界的神灵，于是便形成了萨满教。萨满教的基本观念是崇拜大自然，相信存在鬼神、万物有灵。他把自然界划为三界：天上（天堂）为上界，是诸神所居之地；地面为中界，是人类所居之地；地狱（阴间）为下界，是魔鬼所居之地。锡伯族人认为，萨满是居于人和鬼神之间的使者，有时萨满可做鬼神的代言人，向人转达鬼神的意愿和要求，又可代表人去向鬼神祈祷、问卜。萨满又可做鬼神的替身，鬼神附体，直接向人提出要求或接受人的请求。每当萨满作法给人“驱邪治病”时，都像鬼神附体一样，口念咒语，手舞足蹈。萨满不作法时如同常人。萨满允许嫁娶，死后火葬。锡伯族对非自然死亡的人要用火葬，也是萨满教的旧习之一。①

由普通人成为萨满，必须有一段复杂而离奇的经历。一个人患了

---

① 佟伽·庆夫．锡伯族的宗教信仰．锡伯族语言学会通讯，1986（2）．

病，替他跳神治病的萨满，经过跳神祈祷之后，病人如果恢复了健康，就可以作萨满。被认为可以成为萨满的人，要经过一种特定的仪式，跟着萨满师父学习训练一段过程。首先要接受思想的洗礼，表示虔诚遵守上界的意愿，替上界与人间沟通；然后就跟带自己入萨满界的萨满师父学习“法术”领神，连跳几十天，每日宰杀山羊；最后选择一天举行喝血（山羊血）和上刀梯仪式。在锡伯人的心目中，只有上了刀梯的萨满才能成为真正的萨满，称他为“伊勒图”萨满。这样的萨满才能沟通上下界，跳神治病，否则，就是一般萨满，不能跳神治病。

萨满攀刀梯仪式　（德光摄）

上刀梯的做法是，在正屋外西南方向，离屋二三十步，竖立两杆松木，高约三十尺，木杆上系铡刀、马刀之类做成刀梯，刀刃向上。选择一天，本屯或外屯的人们均前来观看某某萨满上刀梯，助威并证明其上过刀梯之事实。上刀梯的前一天晚间，这个萨满要迎接上界赐给的“护心铜镜”一块，由萨满师父把铜镜授给徒弟，以后跳神治病时，戴在胸前护心。次日上午，跳神“喝血”之后就该上刀梯了。上刀梯的萨满光着脚，脚掌贴黄表纸数层，手拿黄表纸，按阶梯踩着刀刃上到最高一段时，萨满师父在刀梯周围来回跳神，口中念念有词，手击单面鼓，摇手摆腰，待萨满上到刀梯顶端之后，下面的萨满师父对徒弟发问：东南西三面各看见什么？（因北面是下界地狱，死者都在那里受折磨，见了不好，所以只问三面。）萨满回答完毕后便下刀梯。下刀梯是从顶端猛翻跟斗下，下边早已准备深坑，坑里填满麦草之类柔软的东西，在其上面还有四个男子，准备一条被子，接掉下来的萨满，被子虽不能接住，但起到缓冲作用，使掉到草坑中的萨满，不受任何损伤。经过了这一仪式以后，才能成为一个正式的萨满。

锡伯族民间流传着许多萨满神歌，早先都是口头传承，出现抄本是在19世纪末。抄录于光绪三年（1877年）的《萨满场院书》，是锡伯族萨满教最早最珍贵的神歌文字资料，满文书写，总共600余行。[①]还有产生于1884年的伊犁察布查尔锡伯自治县依拉奇牛录尔喜萨满的后代南金保藏《祈告祝赞告神歌》和《治病送巫尔虎神歌》。

三、盛极一时的喇嘛教

锡伯族除了信仰萨满教之外，还信奉喇嘛教，锡伯族信奉喇嘛教始于16世纪。到了清初，由于清政府鼓励，锡伯族有不少人信奉了喇嘛教。过去，一般人死去，要请萨满跳神，以慰藉亡灵，后来都改请喇嘛主持仪式念经超度，生小孩办婚事也改请喇嘛。

清康熙三十六年（1696年），锡伯族由嫩江、齐齐哈尔、伯都讷等地迁入盛京所属各城之后，于康熙四十六年，修建了喇嘛庙太平寺。

① 贺灵，佟克力辑注. 锡伯族古籍资料辑注. 乌鲁木齐：新疆人民出版社，2004：409～410.

太平寺每年举行两次祭祀关公的活动，一次是农历五月十三，关公单刀赴会；另一次是农历六月二十四，祭关公的生日。每年农历四月初八是佛诞节，纪念释迦佛诞生，要举行诵经会一天，还要备供品祭祀释迦佛。每年农历四月十八是怀亲节（西迁节），要举行隆重的祭祖活动。① 太平寺不仅是一座喇嘛教寺院，而且也融入了锡伯族原始宗教的一些神灵的成分，反映出锡伯族西迁前信奉喇嘛教的情况及喇嘛教在锡伯族中的发展、完善和变形程度。②

乾隆二十九年（1764 年），锡伯族军民西迁新疆伊犁，其中有数十名喇嘛被一起随迁。西迁伊犁的锡伯族，在伊犁河南岸定居之后，于乾隆四十六年又在锡伯营镶白旗（五牛录）修建了靖远寺（亦为喇嘛庙）。光绪十七年（1891 年），锡伯营重建靖远寺。

清朝覆亡后，在锡伯营旧制未彻底废除的情况下，其宗教活动一直延续到 1949 年前后。③

靖远寺的喇嘛教活动主要有三项。首先，每逢皇帝驾崩，寺院喇嘛在寺院内定期进行念经超度，少则三天，多则五天。皇帝继位，也要在寺院内定期诵念万寿经。其次，将军及其妻室或领队大臣逝去，要召喇嘛去将军府念经超度，举行各种仪式。将军和领队大臣继位或做寿，也让念经，以资祝贺。靖远寺喇嘛教活动的另一部分是为民间祈福消灾。其中较为隆重的仪式有“抢千烛”和“抛筐”仪式。

“抢千烛”，锡伯族称“明安朱拉”。每年阴历十月二十三日举行。先是神职人员宣布抢烛的日期。接着每家各户都用面和清油做烛，里盛清油等食油，等抢烛当天下午送到庙里，数目不限。喇嘛先把烛排好，中间是一盏由庙里提供的特大烛，象征月亮、周围是各家送的小

---

① 关方．锡伯族史论考．沈阳：辽宁民族出版社，1986：143～160.
② 贺灵，佟克力．锡伯族史．乌鲁木齐：新疆出版社，1993：466.
③ 贺灵，佟克力．锡伯族史．乌鲁木齐：新疆出版社，1993：467～468.

烛，象征众星，最多时达上千个。二十三日晚间，人们都聚集到庙里，喇嘛身披袈裟，诵念祈福，先行点烛祭祀，然后宣布抢烛，一声令下，大家争先恐后，不管烛火烫手，前去抢烛，尤其是无子嗣的人们，为了求儿求女，非得拥去抢来几个不可。人们把抢得的面烛，拿回去烤饼吃，其意为，吃上抢得的面烛饼，可得到众神护佑，祈福消灾，无子嗣者，可喜得子嗣。

"抛筐"是锡伯族喇嘛教仪式中最隆重的一项。但它并非定期举行，而是选天灾人祸最盛之年举行。而且择年终或年初时分。举行这一仪式的目的是震邪压魔，祈求太平安宁。据传，自靖远寺创建以来，曾举行过三四次"抛筐"仪式，其中最后一次是1948年1月16日在镶白旗（五牛录）举行的。在仪式开始前20天，靖远寺的众喇嘛便开始日夜焚香诵经，满21天后的次日便宣布举行仪式。当天，全县八个牛录的官吏百姓、男女老幼万余人齐集五牛录。首先，由八个牛录佐领分背甘珠尔经引路前行，后跟一名喇嘛双手抱"鬼筐"依行。"鬼筐"用木板制作，里盛黄土、五谷、果实和面制魔鬼塑身。靖远寺主持喇嘛扬拉克端坐在四人抬的轿上，左手握有黑丝大巾，右手提佛铃。扛轿走几步，他就摇响一次佛铃，又摇摆一次黑巾，口诵经文不绝。众喇嘛仪仗队，也合诵经文，吹号打鼓，敲锣击钹，震天动地，浩浩荡荡。"抛筐"队伍出寺门，又绕转大街一圈，然后北出城门，向东北郊外火坑走去。那时正值正月融雪时节，一路上都是泥水漫溢。来自八个牛录的年轻媳妇们，个个打扮得花枝招展，穿红戴绿，脚穿绣花鞋列队观看，当"抛筐"队伍临近时，便爬在泥地上磕头。有的女人跑过去爬在轿前，让轿从自己身上跨过。有的女人见"抛筐"队伍来到跟前就不顾一切地连连磕头，以致头破血流，头发散乱，满脸满身泥垢，一个个变成了活脱脱的"莽古孜玛玛"（锡伯语即鬼婆）。有些男人也纷纷跑过去，把那些爬卧在泥地、神志错乱的女人抱起来，急

奔轿前放下，让轿跨过她们身上。据说这些见了“鬼筐”队伍就神志错乱的女人，她们身上有“义巴罕”（即邪气）。让“抛筐”轿跨过她们身上，就可以祛除附在她们身上的邪气，也可以使不生育的女人生孩子。扬达喇嘛“抛筐”完毕，乌合尔达（总管）二善等几个骑马人鸣枪助威，众青年跳入火坑，在熊熊烈火中抢夺“鬼筐”，你争我夺，一会儿将“鬼筐”弄成碎块。据说只要从火坑里抢回去一小块“鬼筐”碎片，悬挂在自家房梁上，就可祛除邪气，保佑全家平安。

四、锡伯家庙——太平寺

锡伯族家庙，名称为太平寺。位于沈阳市和平区皇寺路太平里21号的沈阳皇寺庙，于康熙四十六年（1707年）由居住在盛京的锡伯族人集资修建。太平寺碑文记载：“康熙四十六年，众锡伯筹银六十两，购房五间，建立太平寺。”

初建之时只有正殿五间，经过历代的维修和扩建，才逐步形成一座规模较大的寺院。寺院坐北朝南，有前后两进院落。寺内主要供奉释迦牟尼、八大菩萨、四大天王等佛像。清嘉庆八年（1803年），佐领华沙布在大殿前的东西两面，刻立了锡伯文、汉文两座石碑。碑文不仅记载了锡伯族家庙创立、扩建和修缮的经过，还记载了锡伯族迁到盛京及编入八旗的经过，把300多年锡伯族历史保存了下来。这两座石碑，如今尚有一座，被收藏于沈阳故宫博物馆里。在正殿的正中悬挂着“锡伯家庙”四个烫金大字的匾额，是清咸丰年间驻守盛京的锡伯族协领色普铿额敬献。

乾隆二十九年（1764年），四千余名锡伯族官兵西迁伊犁戍边屯垦，临行前的农历四月十八日，就在太平寺举行告别宴会，与家乡的父老乡亲离别，踏上西行征程，成为千古绝唱。

新中国成立前夕，太平寺因为被破坏严重而停止活动。之后，太平寺几经磨难，庙内许多的珍贵历史文物也被破坏盗走。直到2003年8月，在党和政府的重视关心下家庙修复扩建工程正式启动了，全部工程历时4个月，总投资6000余万元。复建后的锡伯族家庙，由前殿、中殿、大殿（大雄宝殿）、禅堂、僧房等几个部分组成。2004年农历四月十八日，在锡伯族“西迁”240周年纪念日，破坏殆尽的锡伯家庙重新修复竣工。修缮竣工完毕的锡伯族家庙恢复原貌，重现风采，它记载着锡伯族数百年来的历史。2006年5月25日，锡伯族家庙被国务院批准列入第六批全国重点文物保护单位名单。

五、靖远寺

靖远寺，位于新疆伊犁哈萨克自治州察布查尔锡伯自治县孙扎齐牛录乡孙扎齐牛录村村北，始建于清光绪十四年（1888年），光绪十七年（1891年）竣工。

靖远寺，又称“喇嘛苏木”，锡伯语称“郭若克伯鄂尔和内不热朱克特痕”，即安抚边远地区之意。靖远寺是锡伯族西迁至伊犁后所建的第二座寺庙，曾是清代伊犁地区八大著名喇嘛寺院之一。乾隆四十六年（1781年），由锡伯营总管喀尔满太主持，在左翼镶白旗五牛录佛嘎善兴建靖远寺。嘉庆十二年（1807年），察布查尔大渠修成，锡伯八旗军民由绰尔渠沿岸佛嘎善相继南迁察布查尔大渠两岸筑城定居，故原靖远寺逐渐废弃。光绪十四年（1888年）锡伯族又集资重建了靖远寺。据说靖远寺建成后，锡伯族曾专门派人赴西藏购回《甘珠尔经》60多卷，从内蒙古购回《阿里亚经》数十卷，现已不存。

靖远寺规模宏伟壮观，占地面积62亩，现有建筑面积2800平方米。四周筑有高大围墙，山门前有砖雕影壁，正门上方刻有锡、汉文“靖远寺”大金字，笔法工整，苍劲有力。庭院宽阔幽静，连接各殿房

靖远寺　（安素摄）

的路面皆为砖铺。靖远寺整个建筑错落有致，布局对称，工程精细，雕梁画栋，异角飞檐，极为秀丽。靖远寺整个建筑都采用砖雕、木雕艺术，配有彩绘、泥塑。当年“靖远寺”里经文荟萃，喇嘛云集，法事兴旺，香火盛行。

靖远寺是清代锡伯族建筑艺术的代表，生动形象地反映了锡伯族的建筑以及文化艺术水平，是锡伯族人民的宝贵历史文化遗产，对于研究锡伯族从东北西迁伊犁后的历史、文化、宗教信仰、建筑工艺美术和各民族文化交流都有一定意义。近几年来，经国家拨出专款维修，现已修葺一新。2006 年 5 月 25 日，靖远寺被国务院批准列入第六批全国重点文物保护单位名单。现在的靖远寺集锡伯族历史、宗教、文化和商贸活动于一体，成为伊犁地区著名的旅游文化景点。

六、中国最西端的关帝庙

关帝庙位于伊犁察布查尔锡伯自治县纳达齐牛录乡，是中国最西端的关帝庙。建于清光绪三十三年（1907年），占地2.4公顷，建筑面积300平方米。受汉文化的影响，锡伯族尊崇关帝和娘娘，历史上，凡锡伯族聚居的地区，均建有关帝庙以供奉关羽、关平、周仓。察布查尔县的锡伯八个牛录都建有关帝庙。尊崇关帝的目的，是昭彰他的忠义精神，借以弘扬爱国主义精神，以更加忠实地守卫祖国边防，维护地方安定。关帝庙内供奉关羽神像，并绘有“三国演义”中的故事壁画及“苏武牧羊”、“东方朔偷桃”等锡伯族群众喜爱的历史人物壁画。这些建筑、绘画均出自锡伯族工匠艺人之手，画工精美，保存完好，充分展现了锡伯族的传统文化和民俗风情。每年农历5月锡伯人还在庙里举行庙会，称之为替关帝磨刀。关帝庙于1999年被定为新疆维吾尔自治区级文物保护单位。

庙宇壁画　（郭庆摄）

第三章

独具特色的民族文化

锡伯族的文化丰富多彩，在漫长的历史长河中，伴随社会的发展，锡伯族的文化也不断发展。迄今为止锡伯族还保存、使用自己的语言文字，弘扬着传统文化，创造着新的成果。伊犁地区自古以来就是一个多民族聚居生息活动的地域，锡伯族迁入该地区后，虚心接受、广泛吸取当地其他民族的经济文化成果，创建了独具特色的屯垦戍边农业文化，不断丰富着中华民族的文化艺术宝库。

第一节　民族体育

一、中国箭乡：培养奥运健儿的摇篮

在新疆，只要进入锡伯族居住的地区，就能充分领略到锡伯族人对射箭运动的一种特殊的执着和热爱。察布查尔锡伯自治县素有中国“箭乡”的美称，具有浓郁的弓箭文化气氛。这里也被世人公认为我国射箭运动的摇篮，从这里走出的选手在国际、国内各类大型射箭比赛中屡屡摘金夺银。

锡伯族素有“好骑善射”之美名，射箭运动是锡伯族传统的体育项目，具有悠久的历史。早在东北大兴安岭地区时，就以骑射作为狩猎的主要手段，弓箭是获取猎物的主要工具，更是锡伯族前辈们随身携带的战斗武器。乾隆年间从东北西迁到伊犁驻防的锡伯官兵，个个都是能骑善射的好手，为守卫边疆立下汗马功劳。在清代的戍边生活中，锡伯营将士曾经使用弓箭这一兵器，多次抗击过外来入侵者，为保卫祖国领土完整、维护一方安定作出过特殊贡献。锡伯族男孩儿长到十多岁时，就被编入预备役军队，接受异常严格的马术和箭艺的训练。年满 18 岁时经过马技箭术的考核，成绩合格者便披甲从戎，奔赴战场，为国效力。

随着历史的变迁，射箭已经成为锡伯族人民显示武功、锻炼身体的传统体育项目。新中国成立后，锡伯族射箭项目有了长足的发展，特别是在察布查尔的乡镇农村锡伯族聚居的地方，每年“西迁节”或劳动闲暇时都举办射箭比赛。射箭运动广受锡伯族人民的喜爱，不但成为当地的一项传统体育运动，并且得到较好的普及。1973 年，察布查尔业余射箭队正式成立，从农村、学校招收射箭学员。1979 年，兴建了察布查尔锡伯自治县射箭厅。2002 年、2003 年先后被国家体育总局射击、射箭管理中心和中国射箭协会挂牌为“中国重点射箭运动学校”。由此，锡伯族的射箭运动进入了一个新的发展时期，锡伯族射箭运动员在国际、国内射箭比赛中取得了骄人的成绩。

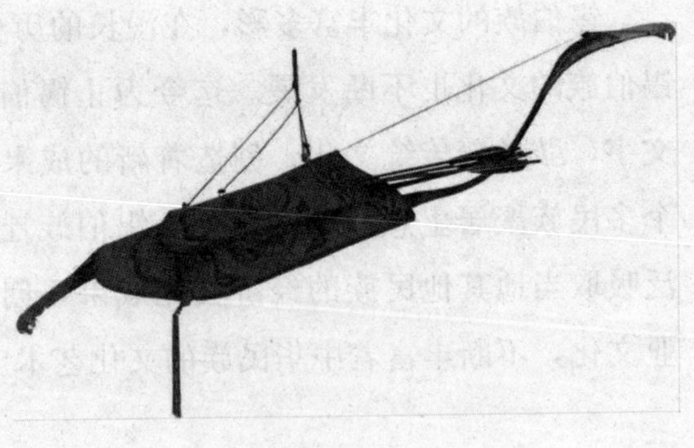

弓箭 （郭庆摄）

传统射箭　（安素摄）

1979 年，察布查尔县业余射箭队代表新疆参加第四届全运会，郭梅珍（女）获四枚金牌，汝光获三枚金牌。

1980 年，郭梅珍在亚洲射箭锦标赛中，打破一项奥运会纪录，获金牌 1 枚、银牌 3 枚。同年，郭梅珍在首届罗马尼亚国际射箭锦标赛中获全能第三名，又取得五十米双轮比赛第一名。在爱尔兰国际射箭比赛中，汝光和郭梅珍分别夺得男、女全能冠军。

1984 年、1988 年，汝光、巴永善作为中国体育代表团成员分别参加了 23 届洛杉矶奥运会和 24 届汉城奥运会。

1993 年，汝光、巴永善、何军、志勇在参加第七届全运会上，打破男子团体射箭项目世界纪录。

2004 年，永富军、薛海峰代表中国队参加了第 28 届雅典奥运会，为国家争得了荣誉。

2008年北京奥运会，锡伯族射箭运动员薛海峰与队友一起勇夺男子团体第三名，这是中国男子射箭队在奥运会历史上的最好成绩，而这枚宝贵的铜牌也是新疆维吾尔自治区从1984年参加奥运会以来获得的第一枚奖牌。

截至2010年，察布查尔县业余射箭队输送的队员历年来在国际、国内各种比赛中获金牌50枚、银牌26枚、铜牌30枚，在新疆维吾尔自治区各种比赛中，获金牌135枚、银牌69枚、铜牌103枚。

察布查尔锡伯自治县成为造就国家和新疆维吾尔自治区射箭运动后备人才的摇篮。从1973年以来，该县业余射箭队为新疆维吾尔自治区射箭专业队输送优秀射箭人才52人，为其他县市射箭专业队输送12人，为全国各大中专院校、竞技体校输送优秀体育人才77人，共培养国际健将4人、国家健将18人、国家一级运动员48人，高级教练3人、中级教练4人、国家级裁判员1人、国家一级裁判员5人。

2008年，锡伯族的“弓箭制作技艺”被列入第二批国家非物质文化遗产名录。2012年，在察布查尔锡伯自治县修建了“中华弓箭文化博物馆”。同年5月，在新疆师范大学成立了“天山射艺”传统射箭协会。近年来，国内外客人来到察布查尔，都要去弓箭文化博物馆或旅游景点观看现代弓箭和传统响箭表演，领略箭乡的情趣，这一活动已成为察布查尔一道亮丽的风景。

二、传统体育项目

1. 摔跤

摔跤在锡伯族传统体育活动中最为常见、最为普遍，在民间颇为流行，凡是节假日或田野劳作之余都可以看到摔跤的场面。

锡伯族的摔跤形式是古典式的，是抓腰绊腿带摔跤的那一种，将对方摔倒在地上算赢家，较量三回合，赢数多者为优胜。绊腿摔跤的

方法很多，在实践中摸索出有 20 多种，被摔跤手们在相搏中巧妙地发挥，利用自力和借用对手的力量去战胜对手。

过去，每逢节日察布查尔县各牛录都要举行大规模的摔跤比赛，每个牛录都推荐出若干名出类拔萃的“布库”（摔跤手）和对方较量，赢得“帕尔万”（冠军称号）的布库被视为牛录的骄傲，备受尊敬，给予奖励。

摔跤手们总结出应共同遵守的摔跤规则。内容包括：穿耐板的衣服，软底鞋或光脚，系腰带；不限年龄和体重，但酌情分组参赛；分三局赛，每局各三分钟判胜负等。锡伯族摔跤选手在 1959 年的第一届全运会上获得次中量级第七名。1979 年，锡伯族摔跤选手马凯、顾景林、郑林在第四届全运会上分别获得古典式摔跤 62 千克级、68 千克级、100 千克级的全国冠军，后来新秀谷茂生在亚运会上获得了亚军。

2. 嘎尔出克

嘎尔出克是新疆锡伯族人用牛羊后腿膝盖拐骨玩的一种游戏，老少皆宜。新疆锡伯族人称之为“嘎尔出克鄂斐木比”，东北锡伯族人则称“抓嘎拉哈”。新疆锡伯族人的玩嘎尔出克鄂斐木比所用的拐骨有好多种，如羊拐骨、牛拐骨、黄羊（或羚羊）拐骨和猪拐骨等，形成“阿拉西”、“沙喀”、“喀发特”、“斐特木比”等数种游戏方法，统称为“玩嘎尔出克”。

东北地区锡伯族玩的“嘎拉哈”主要有嘎拉哈法、炎欠法、撂法、指弹法、摈法等种类。

此外，锡伯族民间传统体育项目还有赛马、叼羊、艾曼占地（是一种儿童捉迷藏游戏）、抓石子儿、放风筝等。

第二节 语言文字

一、锡伯文：解开清朝满文历史档案的钥匙

锡伯语属于阿尔泰语系满－通古斯语族满语支。据史料记载，锡伯族既有语言，又有文字。早年锡伯族吸收周围的达斡尔族、蒙古族和满族语言、文字，形成吉甫西语、呼杜木文。清朝锡伯族被满族征服之后，编入八旗，被迫学用满语满文，失掉了原来的语言文字，但还是保留了本民族语言的不少基本词汇。1947 年伊宁“锡（伯）索（伦）文化协会”对满文稍做了修改。现在锡伯族使用的语言文字是以满文为基础，加上锡伯族原来语言中保留下来的一些词汇及一些外来语（其他民族的一些词汇）构成的。

西迁到新疆的锡伯族不但保存了本民族的语言文字，而且学习其他民族的语言，如维吾尔语、哈萨克语、俄罗斯语等。东北地区的锡伯族，由于历史的原因，改用汉语。目前锡伯语文主要在察布查尔锡伯自治县使用，该县小学设锡伯语文课，出版锡伯文报纸《察布查尔报》，有锡伯语广播、电视节目。此外，新疆人民出版社出版锡伯文综合类图书，新疆教育出版社出版小学锡伯语文教材。1999 年起，辽宁省沈阳市新城子区兴隆台锡伯族镇在小学开设了锡伯语文课。

锡伯语是新疆维吾尔自治区政府部门管理的 5 种民族语言之一，在新疆维吾尔自治区民族语言文字工作委员会从事锡伯语文的规范化、标准化研究和名词术语的规范审定工作，20 年来先后研究制定锡伯语文的正字法和正音法，规范公布大量名词术语，制定信息交换用锡伯文国家标准和国际编码标准，开发锡伯应用软件，承担完成多项目新疆维吾尔自治区和国家级研究课题，编写出版多部专著。2013 年新疆

成功研制满文锡伯文输入法。由于锡伯语文与满语文有很深的渊源关系，所以有十多个国家和地区都在把锡伯语文当做满语满文的“活化石”进行研究。

锡伯族文字共有 40 个字母：6 个元音字母、24 个辅音字母、10 个拼写外来词的字母。字母的基本笔画有字头、字牙、字圈、字点、字尾，以及各种方向不同的撇和连接字母的竖线。书写顺序为从上到下，行款为从左至右，使用一般文字通用的标点符号。

锡伯语没有方言，但有书面语和口语的差异。书面语有 5 个元音、25 个辅音，形成自己规范的正音、正字规则。口语有 8 个元音、28 个辅音。

二、“翻译民族”

锡伯族人一般都会讲四种语言，在我国各民族中，当属语言的佼佼者。因此，锡伯族为国家造就了一批批翻译人才。锡伯族除学习使用本民族语言文字发展文化教育事业外，早在一个多世纪以前就积极学习其他民族的语言，先后学习汉语、俄语以及维吾尔、哈萨克、蒙古等民族语言，使自己成为会操用多种语言的双语民族，被称为“天才的翻译民族”。目前锡伯族的汉语水平普遍较高，应届毕业生都以民考汉形式参加高考，大部分人同时掌握了锡伯语和汉语，有的还同时用维吾尔、哈萨克等语言进行交流和工作。锡伯族之所以被称为“天才的翻译民族”，一条成功的教育经验就是在保持民族特点的基础上，坚持双语教育，培养多语兼通的人才。

三、《察布查尔报》——锡伯人纸上的精神家园

伊犁河畔的锡伯族军队后裔不但将祖先的语言文字完整地保留下来，还办起了锡伯文报纸《察布查尔报》。它是一种精神的象征，更是

锡伯人纸上的精神家园……

《察布查尔报》是目前世界上唯一一份用锡伯文出版的报纸，于1946年在伊宁市创办，起名为《自由之声报》。新中国成立后，改名为《新生活报》，在新疆伊犁哈萨克自治州机关报《伊犁日报》社出版。1956年年底社址迁到察布查尔锡伯自治县，由察布查尔县县委代管。1066年5月在“文革”初期被责令停办检查，停刊八年。直到1974年10月复刊，改名为《察布查尔报》，现为中共察布查尔县委机关报。

《察布查尔报》一份对开四版、每星期二、星期五出版。内容涵盖要闻、地方消息、科技知识、文体新闻、国际国内消息等，每年出100期，邮局统一发行。该报1954年实现活字铅印，2002年实现了计算机系统排版和电子印刷。全年发行量稳固保持在17万份左右。《察布查尔报》作为这种独特语言文字的纸上呈现，尤为惹人关注，远在东北的锡伯族父老乡亲及北京、上海一些研究满文及清代史的学者，都长期订阅该报，国外的一些大学和研究机构也订阅该报。

锡伯文报纸《察布查尔报》

（葛丰交摄）

第三节　锡伯族的文学

锡伯族的文学创作扎根于锡伯族劳动人民生产生活的土壤里，直接表达锡伯族人民的愿望。锡伯族文学早期以民间文学为主，后期作家文学有了发展。无论是锡伯族的民间文学还是作家文学，都真实记录了锡伯族人民的历史足迹，具有鲜明的民族特色。

一、文学发展概况

西迁以前的文学多是反映渔猎生活的。如叙事民歌《亚齐娜》，说的是一对贫困而勤劳的夫妇生活在嫩江、松花江畔，靠自己的双手勤奋劳动，以渔猎为业，从无到有，创造财富，建设自己幸福生活的故事。这一时期的文学语言朴素、简练，真实地反映了人们生活的细节。西迁后，17 世纪到 19 世纪中叶，这一时期的锡伯文学多是怀念故土和老家亲人，还有描述征途中千辛万苦的悲惨情景的，像《巴纳依舞春》（故乡之歌）、《古林吉赫舞春》（迁徙之歌）、《离乡曲》等。每当人们吟唱起古老的歌曲，眼前就展现出东北故乡的壮丽山河和与亲人离别时的情形。

生活在军政合一的八旗制度里，西迁的锡伯族除在那荒无人烟的边陲兴修水利、垦荒造田，战天斗地以期发展和生存以外，还肩负着守卫卡伦、换防台站的重任，这些也成为文学创作的题材，不少文字优美的散文、诗歌都成为锡伯族历史的见证。如《喀什噶尔之歌》、《拉喜贤图》、《辉番卡伦来信》等。其中《喀什噶尔之歌》记述了 19 世纪 20 年代平定张格尔战役时，锡伯马甲讷松阿、舒兴阿在喀尔铁盖山活捉张格尔的那场惊心动魄的战斗。

以 1930 年沈雁冰、张仲实、王为一、赵丹、徐滔等著名的革命文学艺术家到新疆开展活动为起点，锡伯族的知识分子、青年学生受到抗日救国运动的熏陶，涌现出一大批文学艺术爱好者。以安子英、柯惠庆为代表的锡伯族进步青年，接受共产党的革命影响，参加了“反帝会”，组成“锡索满文化促进协会”，以协会名义创办了锡伯文刊物《ulden》（朝霞），大大地活跃了文艺界，创作了不少进步的文艺作品。

1944年，反抗国民党的反动统治的三区民族革命爆发。在三区政府的领导下各族人民摆脱了困境，锡伯族又组成了“锡索文化协会”，除继续发展民族教育外，还创办了油印和石印的锡伯文报纸——《新路报》。它的文艺副刊变成了锡伯作者和读者最喜爱的文学园地。人们积极写作，涌现出不少好的文章、诗歌。如柏雪木的《汗腾格里颂》，萨拉春的《我们的生活方式》、《美好的春天》以及年轻人创作的《锡伯阿巴》，它们激发着锡伯民族生产的积极性和生活情趣。同时，在锡伯族文学史上首批编辑了《诗集》、《故事选》等文艺刊物，并创作了《察布查尔》（郭基南）、《继母》（郭基南）、《为民主》（鸠山）等大型话剧剧本。

二、民间文学

锡伯族的民间文学又称口头文学，其渊源久远、内容丰富、形式多样，在锡伯族文学艺术中占据主要地位。主要有民歌、民谣、民间长诗、民间故事、民间传说、神话、童话、寓言、谚语、念说等。

1. 经久不衰的锡伯族民歌

锡伯族民间文学中最有特色的是民歌，锡伯语叫“伊尔根舞春”。锡伯族的民歌在生活中产生，真实地反映出劳动人民的生产生活情况，歌颂了纯真的爱情，控诉了封建礼教，表现了锡伯族人民对自由、幸福的追求。它的表现手法是以自然景物作比喻，即兴创作。锡伯族民歌一般可分为：叙事歌、苦歌、萨满歌、颂歌、劝导歌、习俗歌、田

野歌、打猎歌、情歌、宴歌、格言歌、新民歌等。其中叙事歌中比较完整的有：《西迁之歌》、《喀什噶尔之歌》、《拉西罕图》、《亚齐娜》、《海兰格格》和《三国之歌》等。锡伯族民歌有好几种曲调，各牛录大同小异，一般为四句一段（也有二句一段的）。韵律严格，首、中、尾押韵，以首韵为主。

2. 民间故事

锡伯族民间故事包括生活故事、神话故事、传说故事和寓言故事等，故事情节紧凑，语言优美，富有想象力。生活故事，影响较广的有《章京和他的女婿》、《秃孩子》、《穷姑娘和富姑娘》、《傻女婿》、《唐阿里打赌》、《猎人与妹妹》、《图安班的故事》、《三兄弟》、《淑花的故事》、《莲花的故事》等。神话故事，锡伯族经常讲述且比较有影响的有《菱花和巴土嘎热》、《瘸腿狼》、《山羊和灰狼》、《铃铛刺和麻雀》、《龙女出海》、《人参的故事》、《青蛙孩子》等。

民间故事题材、内容、形式等丰富多彩，绝大部分故事都是人格化了的。这些故事反映了锡伯族人民不同时期的生活，歌颂了锡伯族人民的勤劳勇敢和聪明才智，颂扬了锡伯族人民纯洁善良和大公无私的思想品德，也有的无情揭露了剥削阶级的贪婪、残忍，反映了锡伯族人民爱憎分明、敢于同邪恶势力作斗争的精神。锡伯族民间说故事非常普遍，除了文人和老年人之外，妇女说故事的特别多。她们召集子孙，围坐炕上的火盆旁或油灯下，津津有味地讲述各种故事，以故事的情节达到诱导教育的目的。

3. 念说

念说是传统的民间文学形式，即一人手拿着小说，用一定韵律念唱，众人围坐听念，有时也带评说。锡伯族把中国古典名著中的主要情节，加工改编成为有严格韵律的叙事长诗来念唱，深受广大群众的喜爱。锡伯族的特点之一，就是很早以前就和汉族文化有了联系，而且联系非常密切，因此在民间文学里受汉文化的影响特别大。所以，“念说”的主要内容，除本族民间传奇故事之外，全是汉族的古典章回小说。如《三国演义》、《水浒传》、《西游记》、《封神演义》、《红楼梦》等。这些古典小说，早被锡伯文人们译为满文，手抄传阅。一套手抄《三国演义》可值一匹马，可见古典小说在锡伯族文化中的作用了。

念说 （安素摄）

锡伯族群众每当冬季农闲或民间喜庆节日以及婚葬之际，数十成群地围坐一起，倾听民间艺人或老年人“念说”各种古典小说。“念说”专有音调，其音调昂扬，富于感情，很能引人入胜。“念说”一般在家里或工地窝棚里进行，是一种群众性的文娱活动和文化生活，从来没有人把它当作谋生的职业，所以它很普及，男女老少都喜欢听。

“念说”对保存和普及文学作品，丰富和发展锡伯文学语言，扩大历史知识等方面起着重要作用。即使是没有文化的人，也都开口三皇五帝、管仲乐毅、张良韩信、桃园结义、三顾茅庐等，尤其在他们的

《情歌》里，彼此称赞时，就会自然地拉到潘安、宋玉、张生、崔莹莹和梁山伯与祝英台等。

“念说”这一民间文学形式，像联系汉文的一条纽带。多少年来，口口相传，一直被人民群众所喜爱，也对提高锡伯族文化有特殊的意义，是锡伯族人民历来吸收汉文化的捷径。

三、书面文学

锡伯族的书面文学，有丰富多彩的内容和优美的表现形式。很多已经失传，保存下来的主要是清代以来的一些书面文学创作。民国以前的最有代表性的作品有《顿吉纳的诗》、散文《辉番卡伦来信》和史诗《离乡曲》。民国初年形成的《告别盛京》，是反映锡伯族西迁的满文史诗。不仅是一部文学作品，而且也是一部富具资料价值的古籍，对研究锡伯族文学艺术具有较高的参考价值。

清朝灭亡之后，一批受辛亥革命和“五四”运动进步思想影响的锡伯族青年，接受民主思想和反封建思想，相继创办尚学会和兴学会等锡伯族文化团体。在这些学会的带动下，兴起了各种形式的文化运动。他们敢于向封建保守势力挑战，涌现出一批具有民主主义和改良主义思想的作家及其反映时代特点的反封建、争民主的新作品。如色普希贤的《劝学歌》，乌扎拉·萨拉春诗《别再吸食鸦片烟》、《明媚的春色》等。何邢尔·柏林用锡伯文和汉文创作的诗《送瘟神》、《共享园中草》、《羊拐骨的胜利》等，管兴才的《狩猎歌》、《接新娘》等，这些诗在群众中广为流传。

新中国成立后，锡伯族文学进入了新的发展时期，涌现出一大批新作者，创造出许多内容丰富的新作品。

四、翻译汉文古典小说和外国文学作品

锡伯族人民很早就接受了汉文化，在西迁前后，已大量翻译了汉族的古典章回小说，作为念说的主要材料。翻译并念说古典章回小说，对促进锡伯民族文化起了积极作用。那些翻译家是沟通锡、汉文化的桥梁，传播汉文化的媒介，人们念念不忘管兴才、正津巴图、鲍里阿、穆旭东等人的名字和他们的辛勤劳动。他们在一生中翻译并抄传了不少古典小说。如《三国演义》、《水浒传》、《西游记》、《东周列国》、《封神演义》、《隋唐演义》、《说岳全传》、《杨家将》、《济公传》、《三侠五义》、《清史演义》、《红楼梦》等30多种。这些译稿，转抄不歇，很受锡伯族广大群众的欢迎。

第四节　锡伯族艺术

一、传承于伊犁河畔的锡伯族舞蹈

锡伯族能歌善舞，舞蹈风格多样，异彩纷呈。锡伯族民间舞蹈的形成与民族习惯、地理环境、语言文字、音乐美术分不开，是通过宗教活动、音乐、诗歌、服饰、雕塑、喜庆联欢等形式记载下来的。

锡伯族舞蹈可分为古典类和贝伦类两种。古典类包括萨满、狩猎、射箭、蝴蝶、荷包、铁锹、手鼓、编席、马、猴子等舞。每个舞蹈都有连贯性，具有故事情节。贝伦类包括面具、跛子、单点、双点、王玛、伊克尔德克、醉、八乡、请安等舞。每个舞姿虽然有连贯性，但没有故事情节，多属即兴表演，节奏明快，是大众化的舞蹈。

1. 古典类

萨满舞是锡伯族古老的民间舞蹈，是从锡伯族的原始宗教萨满教及其萨满跳神活动演化而成的一种民间舞蹈表现形式。萨满舞分单人和双人两种，舞蹈动作均取自萨满跳神的各种动作，主要表现萨满为病人跳神时请神、领神、入神、释神、驱魔的内容。萨满舞在表演时，根据不同的表演对象产生了各自舞蹈的随意性，并且形成富有规律的人体律动和质朴、生动、粗犷、遒劲的舞蹈风格。舞步矫健有力，再现了敢于和人世间一切邪恶战斗到底的信念。

蝴蝶舞是舞台化的贝伦舞，锡伯语称“多木多昆马克辛”。通过对蝴蝶自由自在飞翔的形象描绘，以及捕捉蝴蝶的整个过程，艺术地展现了锡伯族少女对爱情、婚姻自由的向往和执着追求。在这整个表演过程中渗透着捕捉者的喜怒哀乐，迷茫、惆怅、惊讶、激动，充分显示出寻觅的苦恼、追求的艰辛，以及获得爱情后的欢乐之情。

2. 贝伦类

锡伯语“贝伦”，皆为“舞蹈”之意，是锡伯族民间舞蹈的统称。它是起源于古代锡伯族人艰苦的渔猎生活，是模仿生活、生产姿势的一种古老舞蹈。贝伦舞粗犷短小，节奏明快，即兴表演，形象活脱。其动作主要表现为抖肩、叉腿、小蹲、大蹲、弓箭步、大跪、小跪、双手叉腰、单手叉腰、拍手、屈膝、甩手、弹手腕、跨步摇摆、半转身、全转身、小跳、滞步等。它有广泛的群众性和自娱色彩，不选时间，不择场地。多以独舞、男女对舞等形式表现。迄今已发现的贝伦舞蹈主要有锡伯贝伦、单阿合苏尔（单人舞）、双阿合苏尔（双人舞）、多禾伦阿合苏尔、行礼舞、拍手舞、仿形舞等十多种独立而互相连贯的舞蹈。在新疆锡伯族聚居区贝伦舞蹈已普及到了每一个锡伯族家庭，几乎无人不晓、无人不舞。在婚姻嫁娶、朋友聚会等各种联欢场所都极受欢迎。2009 年，“贝伦舞”被列入第二批中国国家级非物质文化遗产名单。2012年5月8日，新疆察布查尔锡伯族自治县万人贝伦舞获大世界吉尼斯之最。

贝伦舞　（佟春生摄）

“汉村春”是锡伯族的一种歌剧，和北方汉族的秧歌剧有些相似，是在东北与汉族等民族共同相处而学过来的，锡伯族有的也称之为“秧嘎尔”。

此外，锡伯族在和其他民族的交往中，吸收了许多适合本民族特点的文化。如从俄罗斯族中学会了跳踢踏舞，交谊舞也已成为当前锡伯族群众中较流行的一种舞蹈。

二、民族音乐韵味悠长

锡伯族音乐韵味悠长，令人神往，具有鲜明的民族风格。锡伯族在席间或劳动休息时聚在一起，歌声不绝，欢乐异常。锡伯族的音乐

包括戏剧音乐和说唱音乐两大类。

戏剧音乐，称“秧嘎尔牡丹”，分为平调和越调两种。平调的历史悠久，是锡伯族在东北时期就有的音乐，而越调是锡伯族西迁与汉族有了频繁往来以后才形成的。其中有汉族音乐成分，因此，它的历史较短。所谓平调和越调，是以三弦的定弦为准。平调三弦的定弦为562（ODG），越调的定弦为151（GDG）。越调高，平调低。越调开始形成后20余年都用越调演唱，其后才用平调演唱。平调和越调各有不同的曲调（或称牌子）。锡伯族戏剧音乐具有独特的、明朗而庄重的风格，既有本民族浓厚的特点，又有陕西、山西、甘肃一带流行的眉户音乐的成分。

锡伯族说唱音乐曲式结构简单，大部分曲子以单乐段构成，因此，既便于记忆，又便于流传，常见的是上下两句的单乐段。节拍以2/4、3/4、4/4等单牌子为主。但是，调式种类繁多，这是锡伯族民间说唱音乐（民歌）的一大特点。最著名的有田野歌曲调、蝴蝶歌曲调、海兰格格曲调、西迁歌曲调、婚礼歌曲调、雅琪那曲调、打猎歌曲调等。

此外还有宗教音乐曲调、念说曲调、泊布里曲调、情歌、婚礼歌、儿歌和叙事歌曲调等。

锡伯族的乐器有“东布尔”、“苇笛”、“墨克纳”等。

“东布尔”是锡伯族特有的弹拨乐器，琴头和按指板似三弦，共鸣箱似冬不拉，用山羊肠作弦。这种乐器一般只用于舞蹈的伴奏。共有十二种曲调，如“锡伯拜伦”、“烧茶舞曲”、“醉人舞曲”、“双的阿克苏尔”、“单的阿克苏尔”等。

“苇笛”是用芦苇秆制作的双管双簧笛子，每根管上各开六个孔。苇笛只用于独奏，偶尔也用它伴唱。其管虽然细小，但因用双管双簧，故音量特大，声调柔和，静夜远处可闻其悠扬之声。这种乐器多在田野里吹奏。

“墨克纳”即口弦，是用二寸钢片制成的吹奏乐器，吹奏时置唇间以右指拨弹左边的细钢片而振动发声，以口形大小控制声音的高低，只有五度，音量亦不大，仅十步之内可闻，是锡伯族妇女们喜欢吹奏的乐器。

锡伯族乐器　（郭庆摄）

除以上三种之外，也吸收其他兄弟民族的乐器，如四胡、三弦、碰铃、木鱼、扬琴、满多林、吉塔尔等。锡伯族这些乐器已有很久的历史了，其中满多林、吉塔尔、小提琴的使用始于 20 世纪 20 年代，有七八十年的历史。

三、工艺美术与书法

锡伯族的工艺美术内容丰富，种类繁多，是了解锡伯族文化的一个窗口。锡伯族人民酷爱工艺美术，在日常生活用具、服饰以及建筑物上都有装饰艺术，表现了锡伯族人民的多才多艺和具有的悠久文化艺术传统，锡伯族的工艺美术如雕刻、绘画、刺绣、剪纸等，都具有独特的艺术风格。

1. 工艺美术

住宅建筑艺术。锡伯族在住房的门、窗、椽头、墙面等处琢刻精美的图案。锡伯族居住的是人字顶房，通常一间房子有四五个窗户，窗户都由小格木组成，每一小格木联结处都刻有精致的小莲花图案。屋内炕柜、衣箱、琴柜、八仙桌等，雕刻有象征吉祥、自由、纯洁、美丽的仙鹤、麋鹿、龙、凤、孔雀、鸳鸯等飞禽走兽和荷花、牡丹等花卉。

庙宇建筑艺术。锡伯族居住的各牛录都修建有关帝庙、娘娘庙等。每座寺庙都反映出建筑艺术，所有殿宇、屋顶、门洞、山墙、钟楼，都采用木雕、砖雕、石雕艺术，配有彩绘。在察布查尔孙扎奇牛录建有喇嘛庙——靖远寺，它是锡伯族庙宇艺术之集大成者。在这些庙宇里都塑有各种姿态的神像，其形象与真人相似，达到惟妙惟肖的地步。关帝庙墙壁上描绘的图像取材于《三国志》、《西游记》、《八仙洞》等人物故事，都是单线描，人物形象栩栩如生，活脱逼真。庙宇的横檩竖柱上，均镌刻有游龙戏凤，形象生动，反映出锡伯族丰富的创造力和高超的艺术。此外，每座庙宇内部有许多大小匾额，刻画都很细致，尤其是察布查尔县头牛录关帝庙内的“天干地支八卦匾”，木雕图案最为精巧玲珑，能够自行转动，是一个有名的古典艺术作品。

锡伯族绘画有布绢画、水彩画、壁画、油画等种类。锡伯族民间，绘制人物画像是一种风俗。锡伯族是一个崇拜祖先的民族，有尊敬长辈、孝敬老人的优良传统。过去，凡祖辈、父辈亡故后，儿孙们都要为其画像，作为崇拜的对象，每逢年节将画像悬挂在供桌前面，烧香叩头，顶礼膜拜。锡伯族民间绘画师技艺高超，所绘人像活现逼真。因而，民间绘画师很受人器重。另外，还绘有萨满图、灶神像、家谱图等。

锡伯族妇女最擅长的女红是刺绣，几乎人人都是刺绣的能手，在她们的日常生活用品中，都能看到一幅幅精美的刺绣图案。她们把刺绣当成自己的乐趣，把对家人的爱和满腔热情一针一线密密麻麻地绣到了自己的作品中。从服饰到鞋袜，从门窗罩帘、墙围布、锦帐等到枕头花、衣边以及荷包、嫁妆、葬服等，都是刺绣的天地。荷包是锡伯族吸烟的男子必备的物品之一，按传统，一对恋人中，女方要缝制精致的荷包送给情人。荷包上通常要绣上花卉、蝴蝶、飞禽等美丽的图案。

锡伯族刺绣品具有本民族的特色，还吸收其他民族的刺绣艺术的精华，花色、构图和色泽丰富多样，从刺绣的方法看，有挑花、刺花、钩花、落花、补花、嵌花、缎花、印花、贴花边等；从图案看，有日月星辰、云水花草、飞禽走兽以及大自然中的各种景物等。图案的着色也有象征性，锡伯族人认为蓝色表示蓝天，红色象征太阳的光辉，白色象征真理、快乐和幸福，黄色象征智慧。

刺绣：枕头花　（郭庆摄）

锡伯族的刺绣追求原始的自然美，图案大多选自现实生活中表达吉祥意义的自然界花草虫鸟等纹样。色彩新颖，对比强烈，图案饱满均匀，对比整齐，装饰性强。

锡伯族妇女用她们灵巧的双手在门帘、枕头套、枕头顶、衣服边角、鞋面上等处绣上各种珍禽异兽、奇花异草，做工精细，展现锡伯族妇女的多才多艺。其中枕头顶和绣花鞋刺绣尤为常见，大都绣花卉，莲花、牡丹、菊花等花绣居多，并根据不同用者对象，男女老少皆宜，或淡雅或艳丽。

锡伯族的工艺美术有自己的风格，式样独具特色，同时也吸收了汉、维吾尔、哈萨克、蒙古、俄罗斯等民族优秀的工艺美术，使本民族的民间工艺美术不断得到丰富和发展。

制作工艺主要有金银首饰、鞍具、套具、芦席编织、风筝、摇篮等。金银首饰有专门匠人制作，成品有银镯、戒指、耳环、头饰、烟嘴锅以及镀金银装饰品等，做工精细，成色佳优。马鞭、牛马车、犁铧套具等，将木雕、铁制彩绘和皮革加工相融合，实用性很强。芦席编织光滑精细，图案纹样美观大方。

2. 书法

锡伯文的书法艺术形成于清代，后来模仿汉字篆字的书写特点进行创新，创造了锡伯文篆字书法艺术，形成30余种形体，有上方大篆、小篆、玉篆、垂露篆、龙爪篆等书写方式，多用于书写和镌刻一些诗、词、赋等，但主要用于镌刻玉玺和官印。后来又出现了见诸文化古迹上的匾、牌、额题字，在篆字的基础上开始形成草体、楷体书法艺术。在锡伯族文化发展史上，汉族的很多名著大都翻译成满文。随着这些译著的大量出现，由于当时没有出版条件，每部译著只能用毛笔抄写，而抄写者众多，又各显其长，从而形成了小楷草体书法艺术的百家齐放、异彩纷呈的局面。锡伯族人非常喜爱那些字体优美而随意性很强的演义小说，因而这种书法艺术深深扎根于群众文化的沃土之中，快速发展。继而又出现了草楷大体、正体等风格迥异的书法字体，见诸宗庙建筑、门额牌匾、题字、壁书、对联以及木石铁雕等之上。字尾形式变化丰富，有双折尾、镰刀尾、大镰尾和小镰尾等形体，从而使整个字体神形兼备、潇洒飘逸。

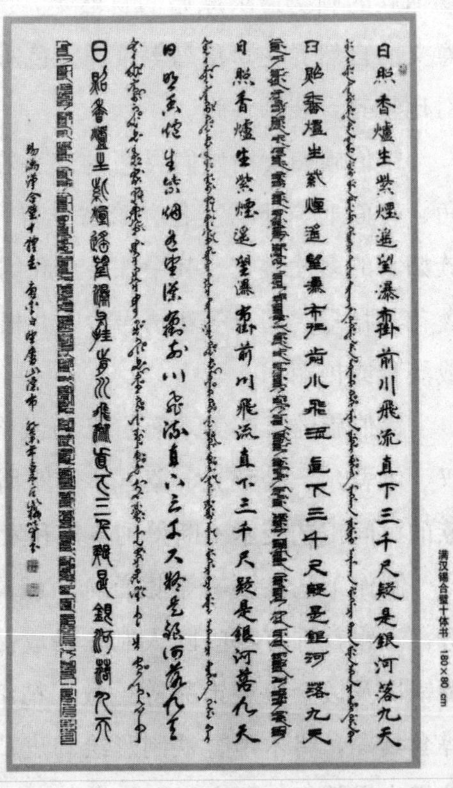

书法　（郭庆摄）

格吐肯，字山人，又字阿林，锡伯族，是锡伯文、满文书法的创始人。他 1944 年 12 月生，是新疆察布查尔县人，现为中国艺联副主席，中国民族艺术家协会副会长，中国文化学会艺术委员会主席，中国书法家协会教育委员会委员，新疆文史馆馆员等。他用 20 余年时间创造了锡伯文、满文松魂体、烟云体；创造了锡伯文、满文八种隶书字，总称为格隶体，填补了锡伯文、满文隶书空白。2000 年他创作了汉、锡、满榜书百龙、百虎，从而成为中国书法史上用三种民族书法创作百龙、百虎的第一人。他所创作的锡伯文榜书十二生肖，汉、锡、满合璧十体书、八体书，六体书、四体书和纵 1 米、宽 112 米汉文狂草《西迁之歌》（1990 多字），备受书法界和收藏界的赞誉，成为其代表作，也是独步书坛的珍品，这些作品确立了其中国首位三语书法家的历史地位。其书法作品得到诸多书画大师的高度好评。

四、非物质文化遗产有传承

锡伯族非物质文化遗产是锡伯族世世代代的历史记忆，是口传心授传承下来的宝贵精神财富。它作为锡伯族的“集体记忆”，成为锡伯族文化的精华、智慧的象征和精神的结晶。2005 年以来，新疆和辽宁都高度重视锡伯族非物质文化遗产的申报立项和保护传承工作，到 2010 年，新疆锡伯族非物质文化遗产代表作“西迁节”、“贝伦舞”、“锡伯族刺绣” 3 项入选国家级名录，“汗都春”等 15 项入选新疆维吾尔自治区级名录，23 项入选地州级名录。沈阳已产生了 32 个各级锡伯族“非遗”项目，内容包括节日、故事、习俗、歌舞等，形成了独特的文化现象，再现了锡伯族文化发展的原生态，成为人们了解锡伯族文化的一把钥匙。为了保护、传承锡伯族语言、文字以及灿烂多彩的民族文化，沈阳在锡伯族聚集的乡镇建起锡伯族小学和中学，并且民族专家教授锡伯族语言文字和传统文化。在沈北新区修建了西迁纪念馆、西迁广场和锡伯族文化艺术中心，加大对锡伯族资料及传承人的搜寻和保护力度。察布查尔锡伯自治县兴建了弓箭博物馆，2011 年正式对外开放。

锡伯族非物质文化遗产的研究也有了进展，代表性的研究成果有佟加·庆夫、文健等编著的《锡伯族非物质文化遗产代表作》作为文本传承的一个重要成果，该书以图文并茂的形式，共收录 41 项名录，附 300 幅图片，所附多幅图片首次见诸书刊，具有一定的史料价值。这些名录分为民间文学、传统音乐、传统舞蹈、传统戏剧、曲艺（汗都春）、传统体育、游艺与竞技、传统技艺、传统医药、民俗十大类别，较系统地介绍了具有代表意义的锡伯族非物质文化遗产名录的历史变革、现存情况、表现形式和保护措施等。该书充分展示了锡伯族非物质文化遗产的独特魅力，让更多的人了解、认识锡伯族非物质文化遗产的非凡创造性和文化、历史、科学价值。

第五节　锡伯族的田园生活

一、筑堡屯居，按牛录居住

锡伯族早在大兴安岭、嫩江和松花江一带生活时，就以氏族为单位聚居在一起，村屯多选择在水草丰美的地方，周围都修筑城墙，墙高两丈左右。城墙周围大小不一，有四五里，也有七八里的。每一村屯有一二百户人家，每家又以矮墙围成庭院，庭院大小也不一，一般都分前后院，前院盖马厩、牛羊圈、草棚等，如今前院多种植各种果木和花卉，美化庭院；后院是菜园，栽种各种果木、蔬菜、花卉或榆、杨等木材树，不但果品、蔬菜自供自食，也使居住环境优美宜人。房屋修建在院中间或靠大门的地方，一般后院大，前院小。

西迁到新疆伊犁的锡伯族人，以清朝八旗制的村寨形式，组成8个牛录。伊犁的锡伯族居住地，每一个牛录有四扇大门，大门上都祭有门神（大门神）。每个牛录多呈方形，其街道多为东西、南北向，呈网状。每个牛录都有两条十字大街，有三四条南北向的比较宽的街道，有十余条东西向的街道，这些街道都与十字大街相通。街道两旁多绿树成荫。种树是锡伯族的传统习惯，凡是锡伯族居住的地方，大都植有杨树、榆树或柳树，一片郁郁葱葱，呈现朝气蓬勃的景象。

锡伯族早期住帐篷、草房、马架子，以后帐篷、草房，被砖瓦房代替。马架子在东北锡伯族中还是有的，其造价低，用工用料较少，屋内窄小，窗户小而光线不足，但是冬季暖和。

锡伯族的住房多南向，一般是三间，家里人口多的或五间，两侧有“哈什包”（库房）；有钱人则修厢房，以作客房。各地生活环境和

条件不同，因而住房的建造和形式亦各有差异，东北各地的锡伯族住房多用砖砌，屋顶为人字形，坡度大，盖以稗草，厚达尺余。新疆地区的气候干燥，墙壁多用土块垒成，屋顶坡度较小，墙外抹泥，刷白石灰，使之光滑而坚固。住房西为大间，中间为堂屋，堂屋的左右起锅台，做饭并可暖炕，窗户南三北二，都是格子大窗，外面用纸糊上。住房内南、西、北三面炕，炕上铺芦席，席上铺大花毡，炕高尺余，阔六尺，西炕随山墙，以通灶烟，称蔓子炕，蔓子炕上多是供佛龛。按习惯西屋为上，长辈住西间，睡南炕；东间和侧房（人口多的人家才有）是子媳的住室。有的家只有两间房，父子同居，长辈住南炕，幼辈住北炕。锡伯族住房南向，以西为上；东向、西向、则以南为上。家有客人让睡西炕，表示尊重。晚上睡西炕或南炕，要并头而卧，枕头临坑边，脚抵窗。

热炕　（郭庆摄）

现代锡伯族人的居室发生了很大变化，但在布局上仍然保持着独家单院的格式，不过有三面火炕和横梁式住房已经不多见了。有的在东西间各打一面火炕（一般在北面），在东端或西端盖一特大间，用做客厅，有的使用正屋外加走廊式屋檐等现代风格的居室。

二、餐桌美食：发面饼、花花菜、萨斯恒

锡伯族的饮食种类丰富，有面类、肉类、菜肴类、酒类等多种。东北的锡伯族多食稻米、高粱和小米，新疆的锡伯族则食小麦。

面食类。锡伯族男女老少都喜欢食用面食，其中发面饼（锡伯语

称“发拉哈额芬”)、韭菜饼(锡伯语称“色姆克尔额芬”)、馃子饼(锡伯语称“果子额芬”)最具本民族特色,成为锡伯族地区的著名小吃。此外,还有二汤面(锡伯语称“朱西冷布达”,俗称长寿面)、南瓜饺子、米顺(即面酱)等。其中,发面饼具有芳香诱人、松软可口的特点,是锡伯人每顿餐桌上都不可缺少的面食。发面饼吃法很有讲究,饼子的正面被喻为天,反面被喻为地,上桌时切成四块,正面朝上,反面朝下叠放,依次食之。

锡伯族发面饼 (郭庆摄)

肉食类。锡伯族人喜欢吃羊肉、猪肉,并形成了自己独特的吃法。肉食类主要有血拌羊肠与血拌猪肉、羊杂碎汤、莫尔雪克(锡伯人把这种菜肴称之为“全羊席”,汉译意为“碗里盛的菜肴”,全是用羊身上的杂碎做的)等。其中血拌羊肠与血拌猪肉最具特色,是新疆锡伯族人宰羊或杀猪后,用羊肠或猪肠灌血煮熟以后的一种食品。

锡伯族依然保留着过去渔猎时代的遗风,喜欢捕鱼并喜食鱼类食物,由此形成本民族独特的食鱼方法。鱼食类主要有尼姆哈鱼炖子(即鱼肉汤)、河水煮河鱼、高粱米小豆干饭鱼肉汤等,其中尼姆哈鱼炖子(即鱼肉汤)、河水煮河鱼是锡伯族人在伊犁河畔款待客人的一道风味名食,高粱米小豆干饭鱼肉汤则是东北锡伯族人爱吃的一种饮食。

菜肴类。主要有哈土浑雪克(汉语称“花花菜”,意为像花儿一样五颜六色的菜)、萨斯恒(这是一种类似于大杂烩的烩菜,主要原料是豇豆或小白菜)。农村锡伯族大都在自己菜园内种植各种蔬菜,自给自

足，常食常新，冬季则腌制五颜六色的“花花菜”，作为过冬用的菜肴，形成本民族的特色，每年的九、十月份腌制。花花菜色泽鲜艳，咸辣清爽，隆冬时节吃到这种菜自然颇感新鲜。

锡伯人极爱吃辣椒，顿顿饭菜都离不开辣椒，所吃的菜种类中尤以辣椒为主，形成自己的多种小吃。其中有索罗霍群觉（即烫烧辣子和茄子凉拌菜）、群觉米顺（即锡伯辣酱）、塔木色群觉（即辣罐）等。

酒类。锡伯族男女都喜欢喝玉米酒、高粱酒等用纯粮食酿造的烈性白酒。凡家里来客人，必设小型酒宴热情接待。锡伯人自制一种面酒，在每年农历四月十五日制作。将大黄米洗磨成面，蒸熟加水使其发酵发生酸辣味，再将其汁液澄出来便成面酒。味酸辣、开胃，适合在夏季炎热时饮用，起到解热作用。

锡伯族还善于吸纳其他民族的饮食文化，维吾尔族的拉条子、抓饭，哈萨克族的奶茶、手抓肉、熏肉，汉族的各类菜肴等都是锡伯人所喜爱的饮食。

三、蕴含游牧精神的锡伯族服饰

锡伯族的服饰，因时代的不同和地区的差异以及各民族相互间的影响，其服饰样式吸收过蒙、满、汉等民族服饰的优点，也有所差异和变化。现在锡伯族的服饰文化已融入现代生活潮流，大多着装呈现代流行装束，但传统服饰仍在民间留存。

传统服饰。锡伯族传统服饰有长袍、旗袍、齐木齐、衬衫、长衣、坎肩、布鞋、坤秋帽、袜子以及妇女特制穿用的服饰和饰用等，都具有本民族浓郁的服饰文化特色长袍。中年以上男女着装，长及脚面，右衽，钉布制纽扣，一般都宽大，男的多选黑色，女的多选蓝色。旗袍，年轻妇女的着装，长及脚面，右衽，也钉布纽扣，多滚边，选用

中年人服饰 （安素摄）

各种花布、方格布。齐木齐，老年男子出门时穿的服饰，长及脚面，右衽，宽大，多选用深蓝色缎料制作，多数人在外面套对襟短褂，多为黑色。衬衫，对襟，圆领，钉布纽扣，多白色，穿在里面；长衣，男子四季穿用着装，对襟，圆领，钉布纽扣，多选黑、深蓝、灰等颜色布料制作；坎肩，锡伯族男女老少都喜欢穿的着装。如今把过去的样式改为古新相融的新款式。坎肩做工十分精细讲究，中老年一般用黑条绒缝制，青年妇女则用素色布料缝制，青年男子和小孩因人而异。如今，青年男子和妇女在西装及裙装上配穿精制的坎肩，使坎肩成为时髦的流行服装。布鞋，锡伯族家庭里制作的布鞋既好看又耐用，极有本民族的特色。男女老少都喜欢穿布鞋，做工十分精细，分棉、单两种，棉、毡的为高鞡，头高大，底子厚而结实，单的为圆口。坤秋

帽，老年妇女戴的帽子，帽檐大多镶海豹皮。腿带，锡伯族妇女都扎腿带，腿带就用于老年妇女扎裤脚，黑色，长 70 厘米左右，宽约 10 厘米。

妇女服装。过去锡伯族妇女平时穿的主要服装是长袍、坎肩和长裤等。成年女子无论未婚或已婚，一律穿长袍，上身从抬裉到上腰，基本是紧身，到中腰（臀部）比较宽松。大襟嘴上的纽襻一般要戴各种装饰品。左边的开气通常要用云子头的绦子。袖子上的绦子有两三道，也叫作挽袖。在大襟嘴上带服饰，服饰有槟榔荷包与针扎两种。

女子服饰　（郭庆摄）

妇女一律穿长裤，年轻妇女都散裤脚，老年妇女扎腿带子。因腿带子通常又是黑色，所以裤子一般是灰色或蓝色。无论是年轻人还是老年人的裤子，都必须用白布绱裤腰。在本命年时，一定要扎红色裤腰带。

新婚服饰。结婚的前一天，新娘要扯脸，用线把脸上的汗毛扯净，把鬓角边沿的汗毛扯掉，这样才可以做新娘。结婚这一天早上，要在头顶正中扎一个大红色头发根，然后将头发分成左右两边，梳两个大抓髻，从这天起姑娘就结束了梳辫子的生活，开始做妻子了。不戴一般的耳环，要戴红珊瑚的葫芦钳子。结婚这一天新娘要穿红衣服，认为这样才吉利，能够“福寿绵长”。

头饰。头饰由金、银、珊瑚、翡翠与鲜花组合而成。有两种簪子是必不可少的。一种叫挑牌，用红珊瑚根做簪子，头上用珊瑚镶个葫芦，下边用珊瑚珠子和翡翠盘串起来。另一种簪子是银制的小花瓶，里边可以装几滴水，鲜花放在里边，戴在头上，可以保持一天不谢。其余的头饰有银花簪、金簪等。耳环，当时称为嵌子，一般一只耳朵要扎三个耳眼。最下边的耳眼戴一副有嵌子头的耳环，一般是银的或包金的，上边套一副翡翠的环，上边两副戴小一点的嵌子。老年妇女戴大耳环下边套上翡翠环，现在年轻妇女又恢复清代的习惯，戴两三个耳环。戒指与手镯从古至今没有太大变化，项链一般用珊瑚珠子穿成，因为古代以渔猎为生，还沿袭了用雉鸡翅膀尖上的骨头做胸饰的习惯。

女子头饰　（郭庆摄）

第四章

锡伯族人口

第一节　明朝至民国时期锡伯族人口

有关锡伯族人口的文字记载，始于明万历二十一年（1593年）“九国之战”这一段史料。其中道光二十二年（1842年）刊行的魏源《圣武记》写道：“万历二十有一年，叶赫、哈达、辉发、乌拉、扈伦四部，科尔沁、锡伯、卦勒察，蒙古三部，珠舍里、纳殷，长白山二部，九国之师三万来侵。”

这段史料间接反映出当时锡伯族的人口。我们知道，作为和努尔哈赤争“天下”的“出征之师”，应该由青壮年组成，妇孺老年不会征集入伍，因此，如果每名出“师”之士以三口眷属计，那么“九国”、“三万”“之师”及其家属就达12万人，再按“九国”平均，一“国”人口就是13 000多人。所以说，当时的锡伯族人口似乎与此数据相近。

从相关史料中可以推测，九国之战时期的锡伯族人口估计在13 000人左右；明朝末年，锡伯族人口数在15 000人左右；到了清顺治末年，已经达到了22 000人左右。这个数量变化与其数十年的人口发展的正常增长率是基本相符的。锡伯族被编入满洲八旗以后，在有关历史资料上，并无关于锡伯族人口数的记载，而只有锡伯旗兵数的记载，但从中可以推测出锡伯族的基本人口数。康熙三十八（1699 年）、三十九（1700 年）、四十年（1701 年），辽宁、吉林、齐齐哈尔锡伯官兵的调动情况和确切数目，总共涉及 4667 名锡伯族官兵，如果一个官兵以 5 名家属计，那么 4667 名官兵及其家属就达到 28 000 余人。如果再加上其他地区没有记载的驻防官兵及其眷属，当时的锡伯族人口，可能突破 3 万人。

乾隆二十九年（1764 年），一部分锡伯族军民被调遣到新疆伊犁地区屯垦戍边。北京故宫历史档案关于锡伯族西迁的有关史料记载，当时由官方授发的正式户口册的锡伯族官兵及其眷属共计 3275 人，除此之外，在西迁途中陆续诞生的婴幼儿共 350 余名；因骨肉不忍分离跟随来的闲散余丁 405 人。这样，实际到新疆的人口为 4030 人，再加上 1020 名官兵，实际到伊犁的人数为 5050 名。

乾隆三十一年（1766 年），锡伯族军民奉命从霍城境内迁驻伊犁河南岸。锡伯族军民迁入察布查尔后，由于多年没有发生大的战乱，到乾隆五十八年（1783 年）“户口孳生倍加往昔”。根据这一记载推测，当时锡伯族人口已发展到 8000 人左右，并且原有耕地不敷耕种，人民生活逐渐艰窘。为了人民的生计，嘉庆七年（1802 年）关系到锡伯族事业兴衰的察布查尔大渠破土动工，到嘉庆十三年（1808 年）竣工。从此，开始大面积垦荒造田，生产逐年发展起来，人口也繁衍增多。到同治十年（1871 年）人口增长到 16 995 名。

20 世纪初，清朝政府腐败，政治黑暗，战争频繁，瘟疫流行，生产倒退，因而锡伯族人民的生存日益受到威胁。从同治十年（1871 年）到“民国”元年（1912 年）的 40 余年间人口数仍然停留在 17 000 人的水平上。

1911年辛亥革命爆发，清朝覆亡，新疆处于军阀统治之下，尤其是频繁的征兵和战乱，加之连年的天灾瘟疫，使锡伯族人口急剧下降，自民国元年（1912年）的17 000余口，下降到1936年的10 614人，减少了6300多人。这是新疆锡伯族人口在历史上的最大一次锐减。

就全国而言，新中国成立前由于统治阶级施行民族歧视和民族压迫政策，许多锡伯族人被迫隐瞒了自己的族籍，改报为满族和其他民族成分，使锡伯族人口锐减。在日伪统治时期的东北地区，锡伯族已从当局的统计中消失。

第二节　新中国成立后的锡伯族人口

一、全国锡伯族人口发展变化

根据第一次至第六次全国人口普查数据，把全国锡伯族人口发展变化分为五个时期：第一时期为1953～1964年，锡伯族人口由1953年的19 022人增加到1964年的33 438人，增长了75.78%，平均年增长率为5.23%。第二时期为1964～1982年，锡伯族人口由1964年的33 438人增加到1982年的83 683人，增长了150.26%，年增长12.15%，同第一时期基本持平；第三时期为1982～1990年，锡伯族人口由1982年的83 683人增加到1990年的172 932人，增长了106.7%，年增长9.50%。这一时期锡伯族人口增长如此之快，主要是恢复民族成分造成的，而不是自然增长；第四时期为1990～2000年，锡伯族人口由172 932人增长到188 824人，增长了9.19%，年增长0.88%。增长速度较之前三个时期比较缓慢；第五个时期为2000～2010年，锡伯族人口由188 824人增长到190 481人，增长了0.88%，年增长0.09%。其中男99 571人，占52.27%，女90 910人，占

47.73%。男女性别比109.53（见下表）。

锡伯族人口的增长状况 （人,%）

年　代	人口数	增长幅度	年增长率
1953年	19 022		
1964年	33 438	75.78	5.23
1982年	83 683	150.26	12.15
1990年	172 932	106.65	9.50
2000年	188 824	9.19	0.88
2010年	190 481	0.88	0.09

资料来源：第一次至第六次全国人口普查资料

二、人口分布、结构、素质及出生、死亡率

2010年人口普查资料显示，全国锡伯族总人口为19.05万人，其中，男性9.96万人，女性9.09万人；性别比为109.53。与10年前的"五普"相比，锡伯族人口增加了0.17万人，增长率为0.88%，平均年增长率0.09%。

在锡伯族人口中，城镇人口有10.09万人，占总人口的52.96%；乡村人口8.96万人，占总人口的47.04%。与10年前相比，锡伯族城镇人口比率提高了11.52个百分点。

锡伯族在全国的31个省、新疆维吾尔自治区、直辖市中均有分布，主要集中聚居在辽宁省，共有13.24万人，占锡伯族总人口的69.52%。另外，锡伯族人口在3000人以上的有新疆、内蒙古、吉林和黑龙江。锡伯族在全国的分布格局是大分散、小集中。

从各年龄段的人口比例看，少年儿童人口（0～14岁）比重为17.79%，劳动年龄人口（15～64岁）比重为76.19%，老年人口（65岁及以上）占6.02%，与2000年相比，少年儿童人口比重下降了

9.47个百分点，劳动年龄人口比重和老年人口比重分别增加了7.89和1.58个百分点。15岁及以上人口有15.7万人，在15岁以上的人口中，文盲人口0.14万人，文盲人口比率为0.87%。与2000年相比，文盲人口减少了0.24万人，文盲率下降了1.87%。

6岁及以上人口17.65人，其中，受过小学以上（含小学）教育的占98.88%，受过初中以上（含初中）教育的占78.08%，受过高中及中专以上教育的占33.96%，受过大专、大学教育的占17.12%。

从职业看，2010年担任国家机关、党群组织、企事业单位负责人占从业人口的比率为1.91%，担任技术工作的占10.26%，办事员占5.76%，商业、服务员的比率为15.40%，从事生产、运输设备操作工作的比率占13.06%，从事农林牧渔工作的占53.60%，而从事其他工作的比率占0.01%。

在锡伯族15岁及以上的人口中，已婚比例为73.87%，离婚比例为2.69%，丧偶比例为3.80%。

在2009年11月1日至2010年10月31日期间，全国锡伯族出生人口为1050人（按长表推算），总和生育率为0.70。出生性别比为144.19，其中一孩出生性别比为140.54，二孩出生性别比为150.00。

在2009年11月1日至2010年10月31日期间，全国锡伯族死亡人口为682人，其中，男性463人，女性219人。粗死亡率为3.58‰，其中男性为4.65‰，女性为2.41‰，婴儿死亡率为4.76‰。

三、辽宁省锡伯族人口

辽宁省是全国锡伯族人口最多的省，他们遍及全省的12个市。1953年第一次全国人口普查时，辽宁省锡伯族人口为4237人。1964年第二次全国人口普查时，锡伯族人口达到15 825人。1982年第三次全国人口普查时，锡伯族人口达到49 398人。1990年第四次全国人口普查时，锡伯族人口达到 120 196 人。2000 年第五次全国人口普查时，锡伯族人口达到 132 615 人（男 69 615 人，女 62 700 人）。其中，第一产业人口占 66.45%，第二产业人口占 13.13%，第三产业人口占 20.42%（其中男 20.37%，女 20.48%）。2010 年第六次全国人口普查时，锡伯族人口达到 13 2431 人（其中男 69 961 人，女 62 470 人）。

四、新疆锡伯族人口

1. 人口规模及分布

据第六次全国人口普查数据，2010 年新疆维吾尔自治区锡伯族人口 34 399 人，主要分布在北疆，人数为 33 923 人，占全疆锡伯族人口的 98.62%，集中化程度极高。其中，主要分布在伊犁哈萨克自治州 25 958 人，占全疆锡伯族人口的 75.46%（其中，察布查尔锡伯自治县 17 526 人、伊宁市 3656 人、霍城 2417 人、巩留县 1150 人）其次是乌鲁木齐市 4820 人，占 14.01%，塔城地区位居第三，人数为 1526 人，占 4.44%。其他地区均有少量分布。

2. 人口结构

新疆锡伯族人口性别结构，男性 17 416 人、女性 16 981 人。城乡人口结构，第六次全国人口普查数据显示，城市化进程使锡伯族人口城乡结构发生重大变化，随着城镇化程度的推进，锡伯族人口的城镇化率得以提升，使得更多的锡伯族群众能够享受到较好的教育、医疗等公共服务，也使得锡伯族婚配选择范围扩大，减少了近亲婚姻比例，提高了人口素质。2010 年，新疆锡伯族城镇化率达 60.31%。锡伯族的年龄结构 1～14 岁、14～64 岁、65～100 岁以上人口分别占总人口的 15.67%、76.50%和 7.83%。

3. 人口文化素质

近年来，随着我国“双基”攻坚任务的完成和“两免一补”政策

的实施，新疆锡伯族聚居区普及了九年义务教育，锡伯族已基本实现“人人有学上”的目标。同时，新疆实行高校招生优惠政策，1989 年起实施内地高校支援新疆协作计划以及 1999 年开始的高校扩招也使得更多的新疆锡伯族青年获得接受高等教育机会。从“六普”数据看，这些政策使得锡伯族文化素质得到了明显提高。全区锡伯族 6 岁及以上每万人口受教育情况为，具有研究生文化程度的 43.35 人，大学程度的 2376.78 人；具有高中程度的 2358.85 人；具有初中程度的 3183.76 人；具有小学程度的 1915.07 人，未上过学的 121.63 人。锡伯族在全疆 13 个世居民族中受教育程度较高，文盲率较低，其平均受教育水平均高于全国、新疆维吾尔自治区水平。

4. 在业人口的产业结构和职业分布

2010 年，第六次全国人口普查，新疆锡伯族从事第一产业人口比重 49.42%。第二产业人口比重 8.91%，第三产业人口比重 41.67%。从职业分布看，锡伯族担任国家机关、党群组织、企业、事业单位负责人占从业人员的比率为 2.08%，担任专业技术工作的占 15.80%，办事人员占 10.65%，商业、服务业人员占 14.18%，从事农、林、牧、渔、水利业生产人员占 48.78%，从事生产、运输设备操作人员及有关人员占 8.45%；从事其他工作的比率占 0.06%。

第五章

家庭婚姻节日

第一节　家庭、家谱、礼仪

一、家庭

锡伯族的家庭是组成“哈拉”（家族或氏族）、“莫昆”（氏族）的最小单位。锡伯族家庭都是属于某个“哈拉”之内的。同一“哈拉”内是绝对禁止通婚的。“哈拉”传到第五六代后，便分出“莫昆”。每个莫昆又包括若干个家庭，由“莫昆达”主持莫昆内祭祖等重大活动和处理族内重大事务，如供奉宗谱、诉讼、履行家规家法等。直至新中国成立前，锡伯族仍保持着比较完整的封建家长制，家庭中辈分最高的男子为一家之长，俗称“当家的”、“掌柜的”，主持家务。家庭大小不一，一般是三代，多者四五代同堂。一家之中有爷辈的，家内一切事务由爷说了算。父亲处于从属地位，只管田间等外面的事务。家中没有爷辈的，父亲成为一家之长，掌握家内家外一切事务。家中没有父辈的，长子成为一家之主，家内外一切事务由长子包办。

在锡伯族的家庭中，妇女除了没有继承权和离婚权之外，在家庭

生活中的地位以及田间劳动时的出力程度不亚于男子。她们经常性的劳动是担水、挤牛奶、种菜、养猪、养鸡，缝制一家人的服装鞋袜等，农忙季节，还到田间协助男人打场。所以，锡伯族把家庭主妇称之为"Boigoji"（音泼依郭吉，一家之主的意思）。家庭中男人是外务，搞收入，女人在内支配经济，她们协助男人操劳生计。这种习俗和鲜卑妇女在家庭中的作用是一致的，这也说明他们的渊源关系。娘家舅舅在家中有很高的地位。家中有婚、丧等要事，须请舅舅共同商议。锡伯族民间传有"人之源是舅舅"的谚语。

锡伯族的宗族内有经族长会议规定的家法家规，即氏族内部的法律。家规制度是封建宗法制度的一个方面。锡伯族的社会生活中，家规比牛录旗下档房的规章制度都要严格。对触犯家规者，由族长主持家族会议，进行审讯并鞭笞、杖打、罚跪。族内提倡家庭和睦、尊老爱幼、勤俭持家、互相谦让、戒赌戒嫖、戒酗酒、戒斗殴等。如察布查尔地区"图木尔齐氏家规"（汉译为涂姓）中规定：

锡伯族家庭　（安素摄）

"身为长者，不能遵照先祖遗留的家训而行，有口出妄言者，由族长召开家族会议将犯规者叫到先祖神位之前议定罚款，罚取羊只，祭祀先祖。"

有的家族把家规写进他们的家谱中，作为"世守之则"。如沈阳于洪区沙岭镇诺木珲村《图克色里氏宗谱》中就写有家规十条。其中第二条是："敬先祖、睦宗族，以为孝悌之本，凡族中子弟有不善者，皆得尽训诲之责，不可有亲疏之见，而子弟对于族中尊长，均须恭顺，亦不可存亲疏之见。"①

锡伯族家属在家长统管下又有尊卑、长幼、男女、亲疏之差别。锡伯族在家庭成员间和亲戚间都有固定的称呼。例如：爷爷叫"俄叶"，奶奶叫"玛么"，父亲叫"阿玛"或"阿么"，母亲叫"俄么"或"俄聂"。锡伯族一向崇尚尊长敬祖，故素有祭祖的习俗。一般家庭祭祀活动，一年有三次，两次清明和大年三十。农历三月间的清明节，全家去扫墓，因供奉鱼肉称"鱼清明"；农历十月间的清明，由家长携子女再去祖坟扫墓，供奉瓜果而称"瓜清明"。大年三十晚上先在土地神位前置供桌化钱、奠酒祭祖后，再给爷辈磕头拜寿，然后，家庭男性又到哈拉达或莫昆达家去叩头拜年，并给家谱烧香叩头，倾听哈拉莫昆达的训诲，以志敬祖。②

二、家谱

编修家谱是锡伯族哈拉莫昆、乌克孙乃至家庭社会活动中的一项重要的内容。因为，家谱是一个哈拉莫昆、乌克孙家庭的象征，是其简要的历史。锡伯族家谱记录了一个家族或氏族的发源、延续。锡伯族家谱溯其源，是有着悠久历史的。很早就发明了可以形象地

① 沈阳市民委民族志编纂办公室．沈阳锡伯族志．沈阳：辽宁民族出版社，1988：92.
② 沈阳市民委民族志编纂办公室．沈阳锡伯族志．沈阳：辽宁民族出版社，1988：92.

记录祖先传承情况的“喜利妈妈”，在绳上拴上弓箭、小靴、红布条等小什物，以记载本家族所发生的事情。有文字以后，才开始编修家谱。

锡伯族家谱分两类，即谱书和谱单。谱书内容比较详细，而且编印成册，封面印有家谱名称，如《关氏宗谱》、《依尔根觉罗西焚肇宗谱》、《吴氏宗谱》等。家谱写法和谱序安排均有不同。一般有祖辈世系表（宗支排列表）、家法、家规等，最后写明修谱的年代和修谱人。谱单是抄写在一块绫子或纸上的宗支世系表，其内容比较简单。有的在谱单右上方写有简短的谱序，接着写宗支排列，最后写上修谱年代、修谱人等。有的谱单只写宗支排列。有的谱书、谱单，在世系表中只排列名字；有的还将官职、去向也标上，如某某骁骑校、某某前锋、某某佐领，某某拨驻伊犁等。锡伯族创立家谱时期正是清朝鼎盛时期，大部分锡伯族家谱是用满文书写的。现今所能搜集到的锡伯族家谱，大多是在民国时期，锡伯族后人依据所保存的旧家谱重新续编而成的。这些锡伯族家谱基本上是用满文、汉文或满文、汉文对照书

家谱　（安素摄）

写的。再往后重续的谱书和谱单，都是用汉文书写的，而且将汉译姓、汉文名写进世系表。

现存的锡伯族谱书和谱单，从其序言里可以看到，一般都记载该哈拉莫昆的渊源、原居地域范围、迁徙情况和本哈拉莫昆主要人物的活动情况等。例如，《吴氏宗谱》序言写到：

我乌扎拉氏，原系伯都讷磋草沟（今吉林扶余县）锡伯人也。满清建国之初，我先人略有军功，因之随军南迁，移于沈阳。即以乌扎拉氏译为吴姓。拨归盛京（今沈阳）镶黄旗满洲第四佐领下充差。先以来沈之初，防居城西哈达堡子等处，计有数世。后于乾隆十一年，迁于城西南北营子村，迄今二百余年。

锡伯族的家谱过去一般都写在宽幅布上，有的写在绸子上，有的家谱带有图画，图文并茂，十分精美。锡伯族家谱是十分珍贵的历史文化遗产，为研究民族的渊源、氏族制度、民族迁移和民族的繁衍发展，提供了极有价值的历史资料。

三、礼仪礼节

1. “打千”礼

“打千”礼，也称见面礼，是锡伯族在日常生活中经常行的礼节。打千礼自古传到今天，是非常普遍应用于见面时的礼节。晚辈与长辈、儿女与父母、久别重逢的同辈、老人与老人见面时都行此礼。所不同的是，老人与老人、同辈之间行打千礼时，对方也同时“打千”，即“答千”，而年轻人向长辈“打千”时，长辈只是应一声就算应礼。锡伯族的“打千”礼只限于本民族内使用，妇女不行此礼，但男性向女性同辈行此礼时，妇女也须做出“打千”的姿态应礼。“打千”的形式是双脚立定后，左脚先迈出半步，双膝弯曲，把左手先放在左腿膝盖上，然后右手压住左手，身子往下坐曲，即刻复直。锡伯人“打千”的

形式和满族“打千”形式相似而稍有别。

2. 跪礼和磕头

锡伯人下跪具有礼节上的意义。除为死者下跪致哀和为长辈请罪而下跪外，一般儿女数年离家归来，还为父母爷奶行此礼。在婚丧期间也多行此礼。尤其是逢年过节，晚辈对长辈都要下跪磕头祝贺。现在，一般的见面礼仪，在平辈之间握手，对长辈仍行“打千礼”。

3. 交际礼仪

公共场所遇见长辈和老人时，骑马者须下马致礼，步行者须问安。红白事首先款待长辈和老人，按辈分、年龄大小入座。见到长辈进屋，晚辈要起身让座。长辈训话时小辈须洗耳恭听，老人谈话时晚辈不准插话，小辈不与长辈顶嘴，不和老人同桌饮酒，不准乱动长辈的衣帽。办事要先向长辈汇报并请定夺。忌讳直接称呼老人的名字，须在老人的名字后面加其辈分。弟媳尊重夫兄，一般不同桌吃饭，不能与其一起聊天或在其面前坐卧。

4. 以礼待客

锡伯族人接待客人十分周到热情，家里来客人时，主人须出门迎接。吃饭时须置备拿得出手的饭菜热情款待，贵重客人要宰羊设宴。款待客人时，不准把碗碟或锅勺弄出声响，否则就认为是耻笑客人。不问客人要走的时间，一般不让客人空手返回。客人要回去时，主人送到院门，否则这个家就被认为是没有礼节。客人的帽子、行囊须挂在高处，不得乱动。忌讳在客人面前称赞家庭主妇。远方来的客人要盛情款待，留客吃饱后才允许客人离开，吃饭后客人不能付给酬钱，锡伯族人会认为这是对主人的极大侮辱。不准在客人面前肆意放纵或睡觉，不打断客人说话。客人来访后不能在客人面前打扫院子、扫地。如果是男性客人留住后，男主人要陪客人做伴同睡等。

5. 社会公德

保护水源，是锡伯族自古形成的良好风尚。大家自然形成了许多规矩来保护饮水环境。如不准在水源头处养畜，主人要用水桶接水后给牲畜饮水，垃圾不准倒在水渠边，不准小孩在水渠边撒尿等，如果有违规行为被大家发现会被严厉惩处。讲究居室内外部环境的洁净，垃圾要倒在固定的离家较远的地方，乡村的每条街道要定期打扫干净。住房内部必须随时打扫，保持干净，不让客人住在未经打扫的房子里，出外串门做客，须穿整齐，不穿破烂衣服。锡伯族人的以上礼仪，过去都规定在族规家法之中，人人都要严格履行，形成约束力。现在，锡伯族人仍在提倡和讲究这些礼仪。

第二节　婚姻、丧葬、生活风俗

一、婚姻

锡伯族婚姻一般是一夫一妻制，男女青年的婚姻过去都是由父母包办，择偶必须“门当户对”，没有婚姻自由的权利。锡伯族本姓禁止通婚，在习惯上，骨血正流通婚，骨血倒流禁婚，如舅父的女儿可与姑母家的儿子结婚；而姑母家的女儿不能与舅父家的儿子结婚。锡伯族的婚姻，一般包括说亲、许亲、定亲、迎亲仪式。

说亲。也就是提亲，民俗学称“纳亲”。一般是男女双方有了婚恋的基本条件或男方看中某一女子后，请一位年龄与女方父母相等、辈分相当、能说会道，在村屯亦有名望的人为“jalaeye”，即媒人，同自己的父母一道提着礼酒前往女方家提亲。经过多次登门说合后，如女方家同意，便择日许亲。

许亲。得到女方家的同意后，男方家在女方家举办一次小型宴会，邀请女方直系亲属赴宴。席间，女方家长向赴宴的亲戚宣布许亲之意，媒人及男方家长等立刻下跪敬酒，表示感谢。从此，两家便有了结亲

的基础，开始往来。订婚后，男方积极准备婚礼。议定婚期，民俗学上称“请期”，锡伯族称许婚，择日同媒人一道携礼物到女方家，议定婚期。经过几次求命之后，女方家长征求姑舅亲戚的意见，又根据许婚条件是否成熟，才慎重答应许婚。

定亲。婚期商定后，男方按照女方的要求做好一切物质准备，并在女方家举办磕头宴（锡伯语称“兴肯萨林”），邀请双方直系亲属参加，参加者一般不带礼物。席间，男方将准备的彩礼包括衣物、布料、现金等，送女方及其父母和直系亲属。磕头礼标志着男女两家已经缔结婚约，从此不能随意反悔。无论哪方提出解除婚约，都要受到公众舆论的谴责。同时，双方商议确定婚期。待条件成熟后，择黄道吉日作为喜迎佳日，并将择定的吉日告知女方父母、长辈。

迎亲。即举行婚礼。锡伯族的婚礼是一件大事，仪式烦琐，男女两家大摆宴席，女家两天，男家三天，大小宴席共五天。女方举行婚礼这一天，奥父、奥母（即迎亲爹、迎亲妈）和新郎都去给女方家送彩礼并帮忙。此日由女方举办宴席款待来宾。傍晚，新郎和“奥父奥母”等组成十多人的“丁巴队”，吹吹打打地来到新娘家贺喜并在翌日清晨娶走新娘。之后男女双方分成两排，跳舞、对歌、赛歌，一直到深夜。

男方安巴萨林（大婚日）这天，新郎家设宴招待亲戚朋友，隆重举行结婚仪式。这天一清早，新郎和丁巴队要把新娘接到家里。新娘头蒙红喜帕，到了新郎家门口，由伴娘挽着下车，踩着红毡走到正屋前面，同新郎拜天地。接着新郎与新娘对跪，新郎用马鞭将新娘的红喜帕揭去。然后，新郎和新娘还要到锅灶前面对跪，用哈达将羊尾油片投入灶火中，双双起誓，称“起白头誓”。仪式结束后，新娘入洞房，直到饮完合卺酒之后，才得下炕。送新娘的客人临走时，还要“偷”新郎的碗碟、筷子，以捉弄一下新郎。新郎要追过去赶上“偷”

婚礼　（安素摄）

碗筷的人，表演节目或唱歌，或行跪礼等形式，要回碗筷。婚礼后的第三天，新郎和新娘要上坟祭祖，第九天新郎新娘回娘家探亲。满月后新娘要回娘家住一个月。现在锡伯族的婚礼已比过去大为从简，但仍保留着上述程序中的某些传统习俗。

奥父奥母。奥父奥母在婚礼开始到结束的活动中，起到调解双方，使婚礼办得男女双方和来宾都满意等作用。其使命犹如两国之间的"外交使臣"，不但要担负男方的重托，而且还要使女方满意，消除双方之间可能出现的一些误会，从而使婚礼喜气盎然，联婚双方愈加团结和睦。锡伯族人对奥父奥母的聘用很慎重，奥父奥母必须是多子多女、品德高尚、礼仪周全、温良谦恭、能歌善舞，能给女方婚礼增添欢乐气氛者。同时也能言善辩，不乏幽默，极会应酬，解决麻烦者等。

有了理想的奥父奥母，婚礼将会热闹非凡，给宾客们创造文明的氛围。

打丁巴 。打丁巴是婚礼中的一项礼仪性娱乐活动，具有“抢亲”和抬高女方家门弟的意义。女方家筵宴后的晚上，将直系亲属留下，坐阵“打丁巴”，大家按辈分排坐在炕头上，由女方家长者或是推举一人主持仪式。同时，女方还要组织一帮青年男女压阵。男方专门选 6～8 名能唱会道或能操乐器的年轻人组成打丁巴队。他们在奥父奥母的带领下向女方家表演节目，每个人都要自报姓名，自演节目，或是独唱，或是舞蹈，或是曲艺。长者们是逗趣者又是评判者，奥父、奥母是技艺表演的组织者和表演者，也是即兴凑趣、常常引起哄堂大笑的指挥者。女方家压阵的年轻人“起哄”、“找碴儿”，常常让丁巴队反复表演，气氛热烈，充满情趣。活动达到高潮后，女方家压阵的年轻人与丁巴队开始对歌对舞比赛。大家你唱我和，我唱你和，一直到深夜。翌日清晨，丁巴队护送新娘至新郎家，才算完成了打丁巴的使命。

二、丧葬

锡伯族通行土葬，即将尸体装入棺木后再埋，然后用土堆成坟头。每一“哈拉”都有固定的坟园，坟园都垒起围墙，四周植树。

除了土葬外，在特殊的情况下也有火葬和天葬。如因难产而死的产妇，不进行火化不得入坟园，因自寻短见或横死在外的人，或因恶性病致死的患者和暴卒者，都要进行火葬，在没有火化之前，不能归入坟园之中，暂时埋在坟园之外。

天葬只限于初生夭折的婴儿，即两个月以内夭折的婴儿。锡伯族的天葬是把婴儿尸体放在芦席片或棉布片上，送到野外无人之处或芨芨草旁，让飞禽走兽吃掉，以示尽早轮回。

锡伯族传统的葬礼比较繁杂，从为死者洗理到出殡，要举行一系列的仪式。

尸体的洗理。锡伯族的传统禁忌，当人即将断气之际，不能大声喊叫，更不准摇动他，认为人有魂灵，如果此刻去摇动或号啕大哭，则魂灵不能安然离开肉体，会带来更大的痛苦。等断气之后请来哈拉莫昆或邻居中的长辈来进行洗理，穿完寿衣之后，才可以放声大哭。

设灵堂停尸。给死者洗理后，紧接着设灵堂停尸。灵堂一般设在死者常住的房间，或者设在西屋。灵堂的布置是，西墙边摆一张八仙桌，在八仙桌旁设一架无挡拦的板床，床上铺一层白纸和冥钞，其上铺寿褥，寿褥共两条，一大一小，上面的小而薄；灵床四周都围以色彩艳丽的绸子。尸体的放置也有特定的姿势，头朝西脚朝东，男的仰卧直肢，女的屈肢侧卧，头朝八仙桌，脸上盖以白纱巾或绸巾。桌上点一盏长明灯，祭供自制的点心、水果、鱼肉、油饼、煮熟的羊胯骨或肩胛骨、一碗米饭、一盘菜、一双筷子（竖插在饭上）和一把刀子（要插在肉上）。灵床脚后置一个小炕桌，桌上点长明灯（蜡烛、油灯、煤油灯均可），炕桌旁放一个烧纸钱的盆和水酒瓶。灵堂地上铺麦草。灵堂内不让进猫、犬。

报丧。在设置灵堂的同时，派人向四处报丧，报丧的人一般不进屋，在庭院门口或院子里将主人叫出后再报丧。报丧时对长辈要行跪礼，对同辈行打千礼，忌直说“死”字，而说“百岁”、“寿终”、“殁了”。

吊唁仪式。人们得知噩耗以后，一般都携带一些白纸或纸钱等前来吊唁。吊唁的人一进大门就放声大哭，门外有专人守候。吊唁的人进灵堂后跪在尸体脚后，由死者的儿子将点着的纸钱递过去，边哭边烧，并在烧着的冥钞上祭酒。

从死者断气到出殡这些天，夜间都不熄灯，而且由死者的儿女、亲属和亲朋好友轮流守灵。守灵者一般不能躺着睡，而是坐在铺麦草的地上守灵。守灵期间，每日三餐，都要进行祭祀，祭祀仪式完毕，

方可用餐。同时还请本哈拉长者或亲朋好友中的长者陪灵，他们都可以在灵堂的炕上睡眠。

出殡。锡伯族出殡都选单日，停尸时间一般为三五天，多则七天或九天。目前多为三天出殡。如果死者远方的儿女亲属没有到达就要等几天。出殡忌申日和午后。出殡的前一天，死者家属派人向四处报知出殡日，并准备好马车、皮绳，指定挖墓穴的主要人员。挖穴前要请本哈拉年长的人或对本哈拉茔地熟悉的人，先去茔地确定墓位，并挖第一锨土。

出殡日的早晨，送葬的人们都来哭灵，接着入殓。入殓前，亲属先给死者净容。入殓时连同寿褥一同抬，逝者脚先出门（其意思是用头出世，用脚离世），避免阳光直射尸体，须用毯子遮光。

入殓之后，由年轻人把棺材抬到大门外，在大门外两旁，死者的子女扛两杆招魂幡齐跪（“佛多”，由长子扛，次子扛“方子”，没有子女的，由其兄弟扛）。在抬出棺材的同时，死者亲属将烧冥钞的瓷盆甩到门外，称“甩盆”，接着把棺材装到车上。这时，车夫不马上驾车，而等举行出门仪式。其仪式是：把炕桌放到灵车前面，众人同死者家属一起哭祭一番（如果死者是德高望重的老人，大家都得跪下来），同时，还给门旁的“土地神位”祭祀一番。等哭祭完毕，“佛多”、“方子”在前面引路，随后是拉棺马车，马车两旁由死者亲属守护，其后是送葬的队伍，扛幡的人边走边撒冥钞，意思是给引路神留引路费。

过去，棺材拉到茔地前，在坟地入口处用苇秆或柳条插一道象征性的“大门”。灵车行到大门口，稍停顿，撒冥钞后车子才进“门”，这象征着阴间也和人间一样，有庭院、大门等。棺材拉到墓穴旁，由长者指挥慢慢放入墓穴里。棺材放入墓穴中，先由死者的亲属下坑，打开棺盖再看一眼死者的遗容，并把盖在脸上的纱巾取掉放在旁边，然后才把棺盖钉死。下土时，第一把土由死者的亲属下，以示敬重和致哀。掩埋之后把两杆招魂幡插到墓堆中间，在墓前方置小炕桌，桌上供各种祭祀食品，由死者的亲属和亲朋好友一个个轮换往烧着的纸钱上洒酒水祭奠，然后，主持祭奠的人（妻子或丈夫，或长子）将祭祀的每一种食品左右两边撒一点，意思是一份送给守茔的土地神，一份给死者，然后，收拾东西回家。死者的子女将送殡的人们一个个行跪礼请进家，热情款待。挖墓穴的人们入上席。席间，死者的子女行跪礼向他们敬酒，表达谢意。至此，送葬仪式结束。

三、生活风俗

1. 生了孩子吊起来——摇篮

摇篮又称吊床、吊篮，锡伯语称”duri”，摇篮形状酷似傍水待发的一叶小舟，是每个锡伯族家庭传统的必备育婴用具，是锡伯族生活习俗的产物，最能代表锡伯族风俗习惯所固有的特征。

据说东北有“三大怪”，一怪就是生了小孩吊起来。古代锡伯族是狩猎部落，森林草原是他们的生活舞台，为了行猎方便，防止兽害侵袭，把婴儿睡的小床吊在树杈上，以此代代相传下来。从东北西迁来的新疆锡伯族保留了这种习俗，一直沿用这种育婴的吊床。

制作吊床时只要工匠说个价，便照付不误，认为生男育女是一件大喜事，不能讨价还价。还认为吊床使用的年代越长越好，如养育了几代人，其婴儿又无一夭折的吊床，就视为传家之宝，继续使用，邻里乡亲们还会来借用。吊床用杨木、松木制作，考究的则用柳木或桑木制作，配以其他附件。

摇篮的装饰，头部用柔软的面垫或兽皮做里衬，上面置放彩色小枕头，供婴孩枕用。头部下面没有衬板，便于透空气。身段部里衬垫软件，尽量使婴孩舒适。在头部“U”字形板上配有弯成半圆形的细柳

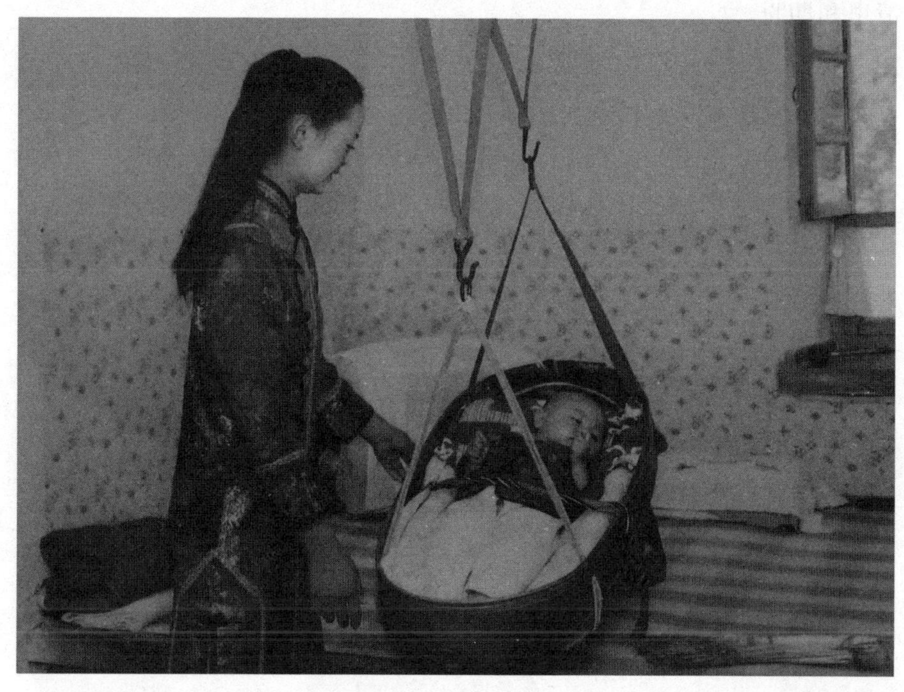

摇篮　（安素摄）

条，以它的弹性两端卡在板沿直立，上盖纱布，使婴孩面部免遭蚊咬蝇落。

锡伯族人把摇篮吊在东屋特意准备的一根直径四五寸粗的光滑的横梁上，悬挂的高度与母亲站立地面时胸部高度齐平，在炕上面的高度以母亲跪着可以乳奶为标准。这样既便于母亲坐在炕上或者站在地上喂奶，又便于调整摇篮的位置和角度为婴儿哺乳。摇篮晃动时，在空中形成悠动的弧形，或快或慢，可随时调节晃动速度。有时母亲坐在炕上做针线活，可以一边做活一边腾出一只手间歇性地晃动摇篮，以不误手工之活。母亲一边轻声唱着摇篮曲，一边悠动摇篮发出有节奏的声响，使婴孩很快安然入睡。

锡伯族的摇篮曲抒情、悠扬、曲调深沉，歌词优美，寄寓着一种情思和期盼。

摇篮曲《巴伯哩》(之一)
桑木做的摇篮，巴伯哩巴伯，
山羊皮的吊绳，巴伯哩巴伯，

额妮（母亲）女女巴伯，巴伯哩巴伯，
尔迪得尔迪宝贝，巴伯哩巴伯。

青蛙皮样（的）尿片，
蚊子皮似（的）吊绳，
额妮女女巴伯，
尔迪得尔迪宝贝。

2. 禁忌

锡伯族遵循的禁忌反映了自己的民族意识、宗教信仰、文化心态、社会生活等方面的审美观念，集中体现在日常生活中。如今，很多禁忌已被遗弃或为适应当今社会有了较大的改变，有的禁忌还在被人们使用延续。

婚俗禁忌。子女婚嫁时，同一个哈拉莫昆和亲伯姑舅之间有近亲血缘关系者禁止通婚，或者男女辈分不对也不能成婚。姑娘出嫁或青年男子结婚时，不在单日举办婚礼。男女双方一方的父亲或母亲如果这年正好是 60 岁，则此年不能结婚。一家一年当中不办两件喜事。禁止当着新郎新娘的面嘲弄或议论无嗣无子、伤残孤寡者，妇女则禁止谈论家庭不和睦或离婚之类的话题。忌讳丈夫当外人面夸奖妻子，父母也不当着别人的面夸奖自己的子女等。

丧葬禁忌。逝者在入殓之前，其子女和亲朋不得高声哀哭。告丧

时忌讳直接讲“死”字，要讲婉转的语言。不得扫地、打扫屋子；死者生时戴用的耳环、手镯等心爱之物要陪葬，不得取下他用。不得从死者家里借东西。死者子女守孝期间不得剃头剪发、打扮修饰，不得参加婚礼等喜庆宴事或唱歌跳舞等娱乐性活动。守孝期间妇女不改嫁，男子不娶妻，新坟3年内和闰年不培新土。

礼节禁忌。年轻人或晚辈与长辈同路，须走在后头，不得越前；晚辈称长辈的姓名时须称呼辈分亲属关系；不许子女在父母对面跷腿而坐，不敞开衣襟纽扣在大街上走路。不得用筷子指人和打人。客人不得在门槛上站立或西炕上落座。男子不得进入坐月子女人的居室。忌讳说别人的长短，不当着老师和长辈的面说下流话，忌讳嘲讽议论孤寡聋哑等人。

饮食禁忌。禁食狗、猫、蛇等肉，不食自然死亡的动物肉。吃饭时不许将筷子竖插在碗里，因为那是给死者祭供的方式。吃饭时不得高声喧哗，不得敲碗弄出声响，要在和睦愉快的气氛下用膳。吃饭时不许擤鼻涕、吐唾沫。吃饭时不许把碗和盘子摞起来，一家人都吃完饭后才允许收拾碗筷。买餐具时，忌讳买单数，要买双数。食物禁止随地弃扔，如发现弃扔食物，应立即拾起放在高处或扔到屋顶上。不准在黑暗中吃食物，认为是与魔鬼共餐。

女性禁忌。孕妇不做重活，不看小孩尸体、遭横祸之类悲惨事件，不去有病人的家里串门。孕妇不许跨跃绳子，认为这样生下的孩子会脐带绕脖子。孕妇不用衣襟抱兜辣椒、番茄之类的东西，认为这样会生有疝气的孩子。孕妇借东西，物主一定借给她，认为孕妇有四只眼睛，等于两条生命在借你东西，不借是不应该的。孕妇想吃的食物务必予以满足，认为不这样肚子里的孩子会眼红，生下来会有生理缺陷。产后的女性忌食冷饭冷菜酸涩等食物，忌手触冷水或用冷水擦洗身子。

疾病禁忌。小孩出麻疹期间有如下禁忌：不许父母及亲属在病人面前大声说话；不许把火扔进水里，不许用木棒打牲畜，不许动用锋利的器具；不许邻里的孩子进门，也不许去邻居家串门。

其他禁忌。不得跨越锅灶台，更不许坐在上面。如有背违，须将衣帽或锅灶台用灯火烤一番，以示祈禳。禁止动用坟场里的一切东西。禁止杀狗、猫、狐狸。大年初二至十五妇女不做针线活，大年初二不劈柴火，大年三十不许在别人家里吃饭，不熄灯。不当着小孩子的面评价其长相和脾气。不许把扫帚当作烧火棍使用，扫地时不许退着扫。榨油时不说出油量的多和少。不朝着住屋方向解手。不朝着灯吐唾沫。马槽子朝东方向而不得在朝西方向修建。不伤害燕子。傍晚不扫地，不扔垃圾，认为会把福气都丢掉。睡觉时不得把衣物放在头前，要放在脚后。

第三节　节　日

锡伯族的传统节日主要有农历四月十八日“西迁节”（也叫怀亲节）和正月十六日“抹黑节”等。此外，锡伯族和其他兄弟民族一样，过中华民族的传统节日，如春节、清明节、端午节、中秋节、元宵节等节日。但在过节形式上与汉族稍有差异，如端午节要泼水，门户悬蒲艾，饮雄黄酒，妇女们用各种布条做成“猴子”，于端午节前半个月，就系在儿童肩背上。到了端午节那一天，到河渠边上，将“猴子”丢在河水里流去，有除灾避邪之意。

一、抹黑节的传说

正月十六日是锡伯族的抹黑节。这一天，人们清早起来，把晚间已准备好的抹黑布或毡片带上，上街去相互往脸上抹黑。见了老年人，先请安，后跪一腿，再向老人脸上抹，只抹一点点，以示尊敬。锡伯

族很早就开始过抹黑节。据传在很早以前，有一对老夫妇以捕鱼打猎为生。有一天从门外飞来两只燕子，在房梁上为争夺筑巢的地方叽叽喳喳吵个不停。突然一只燕子掉在地上，一只腿被摔断，善良的老夫妇小心翼翼地捧起小燕子，用两叶苇片夹住小燕子的断腿，涂上药后包扎好，几天后，小燕子能飞了，它向两位老人感激地盘旋致意后就

抹黑节　（佟吉生摄）

飞走了。过了不久，这只小燕子飞回来了，从嘴里吐出一粒种子，向两位老人叽叽喳喳半天就飞走了。老人把种子埋在房前院子里，第二天，种子发出嫩芽破土而出。很快小苗长高了，长大了。不几天长了许多穗子，到秋天一粒变成一斗，新麦子吃起来又香又甜。从此以后，锡伯族开始种麦子。不料，这件事被“巡天神”看见，认为“麦神”不应该私自到人间播撒种子，想惩治“麦神”。在麦子快成熟的时候，“巡天神”施了个神法，将麦子全变黑了，对此，人们不知所措。这时，那只小燕子又飞了回来，它在老夫妇面前叽叽喳喳上下盘旋，之后又向远方飞去。老人望着飞向天空的燕子，心中明白了。于是老人

带领大家点上蜡烛，摆上供品，烧香叩头，请“巡天神”饶恕，并表示愿替“麦神”受罚，往自己脸上抹黑。人们的虔诚终于感动了“巡天神”，收回神法，麦子恢复黄色，但却把麦株上的穗子掠走了，只留株尖上的一穗，就是现在麦子的样子。此后，年年正月十六日“巡天神”都要出来察看。此抹黑节的用意是“请求五谷之神，免掉庄稼的黑穗病，保证丰收”。所以，抹黑是人们代替谷物受神灵的惩罚。

二、“四·一八”西迁节：一个民族的背影

“四·一八”西迁节是锡伯族的传统节日，俗称“西迁节”。生活在东北地区的锡伯族人又称“迁徙节”和“怀亲节”。农历四月十八，锡伯语称为“杜音拜专扎坤”，是锡伯族人民具有悠久历史的传统节日。每逢农历四月十八日，锡伯族男女老少带上供品、香烛到寺庙举行庙会，祈祷风调雨顺、五谷丰登、人畜兴旺。部分锡伯族于乾隆二十九年（1764年）西迁伊犁地区驻防戍边的历史，给“四·一八”传统节日增添了新的内容。从那以后，便有了纪念西迁活动、怀念亲人

乌鲁木齐锡伯族“四·一八”传统节日　（葛丰交摄）

之意。西迁出发的前一天，西迁的锡伯族官兵和眷属与送行的父老乡亲曾在盛京太平寺共吃离别饭，同饮离别酒。这是200余年以来锡伯族人民的传统节日，每逢农历四月十八日，各牛录旗下档房住持，在寺院内起灶，宰杀羊只，煮羊肉汤和高粱米饭，集合全牛录的男女老少，在寺庙里聚餐，以回忆在西迁的前一天，东北的锡伯族都聚集在沈阳“锡伯家庙”即太平寺里，共进离别的一餐时的情景。

三、春节

春节是锡伯族的半民族化节日，除了和汉族的春节有共同之处外，也有自己独特的民族特点。一是按照本民族独特的祭祀方式，对祖宗进行各种形式的祭祀；二是烹制各种本民族的风味特色食品，供前来拜年的客人品尝；三是举办各类富有本民族特色的文化娱乐活动。大年三十这一天就开始正式过年，锡伯族人家家杀猪宰羊，赶做各种特色年菜、年饼等，使本民族的各类风味饮食尽情展现，供前来拜年的亲朋好友品尝。午后，出列悬挂宗祖图像，如屋内悬挂喜利妈妈（女祖宗）和祖宗遗像等，设供祭拜。之后，在各家大门口堆一些麦草放火焚烧，同时摆设饭桌，供祭祖宗和土地神。傍晚，家长率领一家大小，到存有家谱的族长家（哈拉莫昆达），向家谱叩头拜年（意为给家谱拜年）。午夜，在巷口或后院，焚烧纸钱，谓之烧包袱。初一日，天不亮煮饺子，全家团聚吃饭，以后合族出门拜贺，这一天凡是居住在同村里的人，无论是不是亲戚都要相互拜年。在整个正月里，以乡村为单位，开展村与村、乡与乡之间的文艺汇演、射箭、摔跤等比赛活动。有的老人和孩子一起玩嘎尔出克游戏、放风筝等。这些活动一直持续到二月初二，名曰“跑正月、闹二月”。

四、端午节

端午节是半民族化节日。锡伯族人过这个节日寓意为庄稼“长势喜人、五谷丰登”。在这天，家家户户杀猪宰羊，以牛录为单位进行赛马、射箭、叼羊比赛，不分男女老幼，互相泼水；家家户户男女老幼到麦地或郊外去踏青采露水，让草叶上的露水浸湿鞋袜及衣裤，以示吸收夏季万物生机盎然的灵气，消灾祛病。同时，还要在房檐、门窗悬挂新采摘的艾蒿，大人、小孩还要把艾蒿叶戴在头上，以示驱疫避邪气，换来清新的空气。另外，还有用布条缝制“猴子”戴五色彩线，于端午节前半个月，就系在儿童肩背上，以求吉利。端午节中午家家户户都吃一顿颇具本民族风味的高粱米饭拌酸奶饭，饮黄酒。饭后，全家人都骑上骏马或坐马车浩浩荡荡到河边游泳，这时，将“猴子”抛进河水流去，以示将人间的疾病统统带走。男女青年和小孩将小孩身上的“猴子”取下来，放到河里让水冲走，象征着纯洁的水冲走了灾难，带来吉祥。然后，男女青年一窝蜂似的挤到河边，用早已准备好的盛水工具盛满水，相互泼水嬉闹，河畔盈漾着朗朗笑声，一片欢腾。

五、杭西

杭西即清明节，半民族化节日。锡伯族人一年中过两个“杭西”，即农历三月、十月各一次。三月的“杭西”又叫“鱼清明”，以鱼食为主要祭品。这一天整个哈拉莫昆相互邀集，带着祭品到本氏族莫昆的茔地共同祭祀祖先，祭供鱼品，烧香、烧纸钱，并在坟上培土，仪式极为隆重。农历十月初一日的“杭西”叫“瓜清明”，同样到茔地祭祀祖先。如有尸体需要火化或尸体移入茔地者，一般都在十月“杭西”以后的一个月内办理。

第六章

教育科技全面发展

第一节　锡伯重书香

注重教育、崇尚文化是锡伯族的传统风尚。锡伯族人十分重视对子女的教育，“宁肯自己挨饿受累，也要让子女求学成材”是许多家庭的不定之规。“师傅如父”，教师在锡伯族人家中是最受欢迎的人。尊敬老师不仅是每个子女在家中的“必修课”，也是每个家长的行为规范。锡伯族为让子女上学，往往不遗余力，这已经自觉不自觉地成为一种民俗乡规。某一家有子女考上大学，乡亲们便会主动上门祝贺，家长也会以此为荣。

一、清代锡伯族教育

西迁新疆伊犁的锡伯族，于1766年组建了单独的锡伯族八旗（又称锡伯营），其主要任务是“屯垦戍边”，因此，他们“出则为兵，入则为农”，以练习弓马箭为主。按当时锡伯营的制度，男儿18岁就要参加旗下档房和总管档房的选试，选试主要考弓马箭。考上者为伍克辛（披甲），并由此走上仕途；考不上者为苏拉（闲散），除无俸饷之外仕途也无份。所以，练习弓马箭是锡伯族青年一门必不可少的功课，学习文化则不被重视，只有几家私塾里有少数人学习满语文。

清代新疆锡伯族学校教育先是从旗学开始的。旗学又称营学，是清朝八旗军队学校。据《新疆识略》卷四《伊犁城池解书署》记载，乾隆三十一年（1766 年），伊犁将军明瑞以八旗随营子弟不能学习为由，令每旗各设清书学房一所，让八旗子弟学习满文。次年，锡伯营在八旗总管档房所在的六牛录设一清书房，由教习二人分司教学和武艺。同时在惠远城设有一所义学，招收各营子弟就学，锡伯营的子弟每年均有若干名就学。嘉庆七年（1802 年），伊犁将军松筠开办勤业官学，从各旗学童及惠远城义学中挑选聪慧者，集中在惠远城，由满营协领亲自管理，选派满汉教授分司教读，同时宣讲《圣谕广训》。这是直接为伊犁将军府和各旗培养公务人员和文武官员的处所。

光绪八年（1882 年），清军收复伊犁，伊犁将军金顺遵旨补发伊犁被陷时多年未发的饷银。锡伯营总管色布喜贤利用这些银两先兴办了锡伯营八牛录的学校。接着他又上书伊犁将军，要求拨款兴办学校。后经将军批准，每月给锡伯营十六两白银做教育经费，从此，锡伯营八个牛录各设一所义学。

同时，色布喜贤又和惠远城官仓主事徐老总（汉族）商议，把官仓大院内的几间空房修葺起来作为讲堂，从官仓的汉族办事人员中聘请 3 名教师，从锡伯营八个牛录的义学里挑选俊秀 30 余人，集中到此地，专门学习汉语文。1895 年以后，在锡伯族八旗、索伦八旗、惠远城新满营和塔城新满营义学中，满汉双语教学已开展起来了。

1901 年，色布喜贤调任索伦营领队大臣，进驻惠远城时，又在领队衙门里办起学校，招收锡伯、索伦子弟 60 余人教授满、汉文。在他的影响下，锡伯营四、六牛录挑选百余名学生，集中学习汉语文。

1903年从锡伯营、索伦营、新满营义学和公务人员中挑选优秀学生10余人，到苏联阿拉木图学习。从此，开了锡伯族青年出国留学的先河。

留学苏联的锡伯族学生　（作者提供）

二、民国时期的锡伯族教育

1911年辛亥革命之后，在孙中山先生的资产阶级革命思想影响下，在锡伯营中形成初具民主主义思想的一股新生力量，尤其在文化教育领域掀起了重教育、兴文化的改良运动。1914年，伊犁锡伯族的一批知识分子在伊宁市成立了社会教育文化团体——“尚学会”，其总会设在伊宁，锡伯营一、三牛录设有分会。“民国”四年（1915年）在察布查尔一、三牛录成立了“尚学会”属下的学校——色公学校。1915年，在尚学会的影响下，在察布查尔四牛录成立了“兴学会”，发展会员数十人。次年成立了其属下的学校，命名为“西公学校”。该校首次招收了20多名女童入学。

1917年，察布查尔寨依其牛录、孙扎其牛录等五个牛录，相继将旧学改为新式学校，逐渐推行新式教育。同年，锡伯营自筹经费，在六牛录（总管档房所在地）成立一所高等学堂（高小）。这所学堂一直办到20世纪30年代末，共培养600多名学生。

20世纪二三十年代，锡伯族青年留苏人数不断增多，先后又有几批锡伯族青年赴苏联留学，人数达60余人。这些人士学成回国后，大部分成为新疆经济、文化、教育界的知名人士。

除察布查尔各牛录兴办学校外，塔城、巩留、霍城伊车嘎善等锡伯族聚居地区也相继办起了学校。1924年，塔城设民族学校一所，专招锡伯、蒙古、满族子弟入学，学习满文和汉文。1931年巩留县大营盘锡伯族小学成立。1934年在此基础上，开办了一所锡、汉、回三民小学。伊车嘎善锡伯族学校则始于1909年，正式办校是1910年。校名为“索伦营领队部学校”。

20世纪30年代，锡伯营旧制已废除，郡县制代替了八旗制，原来八个牛录的学校均改为公立学校，由政府的教育机构统一管理。锡伯族高等学堂毕业的学生，可以直接考入乌鲁木齐、伊宁等地的中学、师范等学校，与汉族学生一起学习。据记载，1939年9月，察布查尔锡伯族学生一次考入外地各类学校的就达150余人。此后，每年去乌鲁木齐、伊宁学习的学生都有一二十名。1940年，在伊宁市民族中学（又称五族中学）设立了两个锡伯班，招收学生60余人。

20世纪30年代，在盛世才“六大政策”指引下，各民族文化促进会相继成立，以公立学校为主要形式的民族教育得到迅速发展。1939年10月，在迪化成立了民族文化教育的群众团体——“锡伯、索伦、满洲文化促进会”（简称锡索满文化促进会）。在伊宁、察布查尔一、三牛录、塔城、奇台设有分会。该会依靠广大会员和群众，兴办本民族的文化教育事业，大力整顿并扩建农村小学，办扫盲夜校，开展群

众性的扫盲活动，提高本民族的文化水平 。到 1944 年，新疆锡伯族小学达 13 所，小学在校生 1700 多人。

1944 年，由于局势混乱，察布查尔八个牛录、巩留、伊车嘎善等地的锡伯族学校都停课一个时期，1945 年下半年才复课。这时期，新疆锡伯族小学由原来的 13 所增加到 15 所，在校生 2000 多名，中学、中等专业学校在校生 70 余名，大学生 3 名。1946 年 9 月，在伊犁阿合买提专科学校设了一个锡伯班，招收 40 余名学生。同时，经省政府批准，1945～1947 年，把在迪化和伊犁的十几名锡伯族在校生先后保送到西北国立学院、南京中央政治大学学习。

1947 年，在伊宁市成立了“锡伯、索伦文化协会”，在塔城、霍城也成立了分会。该会举办了教师培训班，为察布查尔各牛录、霍诚索伦营、巩留等地培训了 40 余名锡伯族小学教员。1948 年秋，在伊宁市成立了锡伯族初级中学，当年招收伊犁各县锡伯族学生 30 余名。1949 年 11 月，锡伯中学搬迁到察布查尔六牛录，新建校园，规模又有扩大，当年招收两个班学生 93 名。

三、新中国成立后的锡伯族教育

新中国成立后，锡伯族教育翻开新的一页。锡伯族各级各类教育事业得到较迅速的发展，其文化教育水平在各民族中名列前茅，她的杰出子弟建功立业于大江南北。

按照 1951 年全国民族教育工作会议提出的“巩固、发展、整顿、改造”的方针，在建立人民政权、进行民主改革的同时，锡伯族聚居区也开始对原有学校进行整顿、改造、巩固和提高，废除了旧教育制度，对中小学课程设置，教学内容和教学方法进行了改革，锡伯族中小学统一实行了十二年制学制，教材采用了全国统一的汉文课本，教师在课堂上用锡伯语讲解，汉语教师配备翻译。国家拨专款扩建了察布查尔锡伯中学，新建、扩建了各乡镇小学。霍城县伊车嘎善乡、塔城喀拉哈巴克乡、巩留县塔什托别乡、东买里乡的锡伯族小学均进行了修缮和扩建，扩大了招生，对原有师资队伍进行了改造、整顿。

1950 年，察布查尔锡伯中学附设了初级师范班，1954 年又附设了中师班，面向察布查尔各乡镇、霍城、巩留等地招生，毕业的学生除部分分配到小学工作外，大部分升入了区内外大专院校，成为新中国成立后锡伯族第一代大学生。1952 年以后，新疆维吾尔自治区教育厅陆续为锡伯中学分配了一批汉族教师和锡伯族大学生，锡伯中学师资队伍的知识结构、民族成分得到改善。1961 年，伊犁哈萨克自治州教育局在伊犁师范学校设立锡伯班，招收了 42 名锡伯族学生，单独编班进行教学。毕业后分配到察布查尔、霍城、巩留等地锡伯族小学任教。

与此同时，锡伯族高等教育有了发展。1953 年，锡伯族有了新中国成立后的第一批学工业技术的中等专业人才。1956 年 9 月，在锡伯中学正式设立了第一个高中班，这是伊犁地区最早的锡、汉高中班。1959 年第一批高中毕业生参加全国统考，升入新疆维吾尔自治区及内地大专院校学习。

在成人教育方面，锡伯族农村扫盲工作做得很出色，从 1955 年到 1960 年，通过办夜校、冬季识字班等形式，开展扫盲活动，使锡伯族成年人大都脱盲。1960 年，察布查尔县被评为全国扫盲先进县，选派代表出席了国家教育部在杭州召开的全国扫盲工作会议，受到表彰。

锡伯文教材建设得到重视、加强。1956 年，新疆教育出版社设立了锡伯文编辑室，配备编辑人员 4 名，专门编辑出版一至六年级小学锡伯文各类教材 21 种，发行量达 14 000 多册。

从新中国成立到 50 年代末，锡伯族各中小学一直使用锡、汉双语教学，小学以锡伯语为主，兼学汉语言文字，中学则以汉语言文字为主，辅助以锡伯语进行教学。

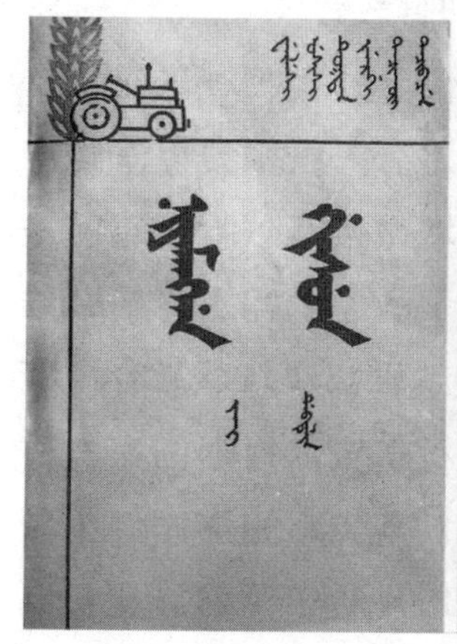

小学锡伯语文教材　（郭庆摄）

1949～1965年的17年间，锡伯族教育得到较快的发展，这不仅表现在数量上，而且也表现在质量上，不仅注意到了普及，也注意到了在普及基础上的提高。

改革开放以来，随着教育战线的拨乱反正和党的民族政策的贯彻落实，锡伯族聚居区在整顿、恢复各级各类教育的同时，把普及小学教育工作提到重要的位置。多渠道筹措教育经费，改善办学条件，基本实现了“一无二有”即校校无危房、班班有教室、学生人人有课桌椅，“五有三化”即有校门、有围墙、有道路、有园林、有符合要求的活动场地；做到美化、绿化、净化。同时在15～40岁农牧民青壮年中开展扫除文盲工作，利用冬闲时间举办农牧民扫盲班，文盲率大大减少。定期开展普及初等教育、扫除青壮年文盲教育普查工作，推动了自治县“两教”工作发展，1986年10月29日，察布查尔锡伯自治县“两教”工作经新疆维吾尔自治区验收通过，成为伊犁地区第一个普及初等教育和农牧民扫除文盲教育通过新疆维吾尔自治区验收合格的县。锡伯族聚居地区塔城市、霍城县伊车嘎善锡伯镇、巩留县东买里乡、塔什吐拜乡、尼勒克县喀拉苏乡也先后20世纪在80年代末90年代初按新疆维吾尔自治区要求完成普及初等教育和农牧民扫盲教育。

改革开放后，锡伯族学校双语教学也得到恢复。察布查尔锡伯自治县 8 所锡伯族小学先后恢复了锡伯文教学。之后，霍城县伊车嘎善锡伯民族乡中小学、巩留县两所锡伯小学以及塔城市喀尔哈巴克前进学校等也陆续恢复了锡伯文教学。为适应锡伯文教学的需求，新疆维吾尔自治区相继恢复了新疆人民出版社锡伯文编辑部和新疆教育出版社锡伯文编辑室，充实了编辑力量。锡伯文教材编辑部根据国家教委制定的教学大纲和教学计划，结合锡伯族学校的特点，相继制订出版了锡伯族小学各类自编教材教学大纲，编辑出版发行了锡伯族全日制小学各年级语文、地理、历史、自然、思想品德等课本和课外读物，其中“七五”期间共发行 96 920 册。

这时期，新疆锡伯族各级各类教育得到较快发展。1998 年，察布查尔锡伯自治县、霍城县伊车嘎善锡伯乡已基本完成普及九年义务教育和基本扫除青壮年文盲任务。锡伯族中等教育、普通高等教育、职业技术教育和成人教育也得到了长足的发展，察布查尔县成立了职业中学，1979 年年初成立了县教师进修学校，开展小学教师的继续教育，培养锡伯族语文教师。同时，锡伯族中学每年选派一批教师到辽宁大学、山东师范大学、新疆教育学院、新疆师范大学、伊犁师范学院、伊犁教育学院进修深造。1978 年国家恢复高考制度以后，每年都有上百名锡伯族考生考入内地、新疆维吾尔自治区高等院校。现在，锡伯族不仅基本扫除了文盲，普及了九年义务教育，培养了大批专科生、本科生，而且有了一定数量的硕士、博士。他们在各自的工作岗位上，发挥着日益重要的作用，为新疆维吾尔自治区的经济建设和社会进步做出了显著的成绩。

四、伊犁河畔的人才摇篮——察布查尔锡伯族中学

察布查尔锡伯中学是全国唯一一所锡伯族完全中学。新中国成立

以后，该校不断发展壮大，由一棵稚嫩的幼苗成长为一棵挺拔苍劲的参天大树，枝繁叶茂，婀娜多姿，成为民族教育园地一支绚丽多姿的奇葩，形成自己的办学特色。

锡伯中学于1948年由“锡伯、索伦文化协会”和锡伯族知识分子，开明人士倡导在伊宁市成立。1949年11月，迁至察布查尔六牛录，仍用“锡伯中学”校名。锡伯中学除伊宁锡伯班学生迁来就读外，当年招收两个初中班，共3个班90多名学生。1950年，锡伯中学附设了初师班，招收学生40名，这批学生毕业后，成为锡伯族基础教育的骨干力量。1954年附设首届中师班，招收学生40名。这批学生毕业后，除一部分从事小学教育外，大部分升入高等院校，成为新中国成立后的锡伯族第一代本科毕业生。1956年，锡伯中学建立了高中部。至此，学校基本具备了普通完全中学的规模。学校每年给区内外学校输送一批又一批的锡伯族高中毕业生。

20世纪50年代末，锡伯族中学发动师生，积极开展勤工俭学，学校建起了果木园、蔬菜基地、鱼塘、饲养场、办起了商店、木工厂、缝纫厂等校办企业，增加了收入，改善了师生生活，扩建了校舍，添置了教学设备，学校变化日新月异。

改革开放给察布查尔县一中注入了生机和活力，学校各项工作也上了一个新台阶。学校在加强管理、狠抓教学质量的同时，抓好校舍建设，努力改善办学条件。从一中迁校址至1990年，国家投资130余万元，于1984年建起了实验楼、电教室，开始电化教学，并有可容纳50名学生的语音室；图书室、阅览室初具规模，各类运动场地符合国家标准，体育器材门类齐全。三层教学楼及锅炉房于1987年交付使用，校容校貌发生了巨大的变化。该学校全面贯彻党的教育方针，坚持正确的办学方向，强化德育工作，使学生在德、志、体诸方面都得到全面发展，被评为伊犁地区德育工作先进学校。1988年，学校被入编由《教育科学》杂志社编辑出版的《中国名校·中学集》一书中。

进入20世纪90年代以后，学校按照邓小平同志教育要“三个面向”的指示，搞好学校硬件建设、软件建设，进一步强化学校管理，优化师资队伍建设，更新教学设备，不断改善办学条件，全面推进素质教育，学校的管理、教学水平不断提高。到2000年，察布查尔县一中已由建校初期的8名教师，两个教学班，发展到118名教职工（其中锡伯族87名），23个教学班，964名学生（其中锡伯族学生654名）。现任教师中有本科学历的31名，大专学历52名，中专学历6名。有高级教师3名，一级教师42名。一批全国、新疆维吾尔自治区及州地级优秀教师不断涌现。

察布查尔一中建校50多年来，共培养了10 000余名初、高中毕业生，其中向区内外大中专院校输送了4000多名学生。毕业生中涌现出一批著名专家、学者以及厅、局级管理人员。随着教育改革的深入，察布查尔县一中的升学率逐年提高，尤其是在1999年高考、中考中都取得了较突出的成绩，民考汉最高成绩均列伊犁地区第二，理科最高分列新疆维吾尔自治区民考汉第十，高考升学率达76%。

近几年来，一中的硬件建设也取得了突出的成绩，学校有了显著变化。现在，全校建筑面积7709平方米，校园占地面积16万平方米。1999年，为适应现代教育，学校投资25万元，实现了多媒体教学、远程教育和课件制作，现代化教学手段在一中已得到了充分运用。1987年以来，学校连续被评为县级、地区级、新疆维吾尔自治区级文明单位。

不仅如此，察布查尔县一中体育教学工作也取得了可喜成绩。近10年来，学校逐年增加投入，改造体育场地，增添体育设施。体育设施日臻完善。学校开展丰富多彩的课外体育活动，组织校田径队、球类队、射击队、航模队等，并安排专职教练进行训练。体育活动的开

展，不仅增强了学生的体质，而且，在县级、地区级比赛中取得好成绩，为学校赢得了殊荣，近 10 年，学校还为高等体育院校输送 50 余名毕业生。1987 年，被新疆维吾尔自治区体委、教委、卫生厅评为“贯彻《学校体育卫生工作暂行规定》优秀学校”，先后荣获“新疆维吾尔自治区传统体育项目田径学校”、“全国冬季体育活动先进学校”、全国推行《国家体育锻炼施行办法》先进单位称号。

五、锡伯族教育家——色布喜贤

色布喜贤是近代锡伯族杰出的教育家。他从小学习刻苦，博览群书，文武双全，曾在锡伯营中任文书和翻译，后来升任索伦总管。光绪八年（1882 年），清军收复伊犁，将军金顺进驻，给位于伊犁的各部落、各营官兵补发了一笔资助款。身为索伦总管的色布喜贤面对这笔数额不小的经费，决定干一番造福于民、造福于子孙的大事业。他亲自张罗，在锡伯营 8 个牛录（分队）相继创办了公办学校，并不断扩大办学规模，丰富教学内容。这是西迁锡伯族学校义务教育的开始。在此之前，锡伯族尽管有教育活动，但多为私塾教育，不仅受文化教育的人寥寥无几，教学内容也仅限满文和骑射。色布喜贤十分注重汉语教育，为培养锡汉兼通的人才做出了不可磨灭的贡献。随着各民族交往的日益密切，各民族互学语言已刻不容缓。色布喜贤提出发展双语教育的构想，从选编教材到聘用教师都贯彻这一原则。学校一方面聘请汉族教师，另一方面选派德才兼备的学生到惠远城学习汉语文。教授《诗经》、《三字经》、《千字文》、《四书五经》等。色布喜贤认为，在民族地区学校教育中，道德教育的重点是进行民族团结教育，他要求各民族师生以礼相待，以诚相处，做到互帮互学互尊互爱，不利于民族团结的事不做，不利于民族团结的话不说。他还特别提倡热爱祖国、尊师重教、尊老爱幼、热爱劳动、肯于吃苦等中华民族的优良风尚。色布喜贤还十分重视女童教育，他提倡妇女应当享有和男子一样接受文化教育的权利。在他的积极倡导和努力下，专门建立了一所女子学校，招收锡伯族女童上学念书。从此，结束了锡伯女童不上学堂的历史。光绪年间，在色布喜贤的建议下，清政府出资选派锡伯族学生留学俄国，培养了一批又一批翻译人才。在锡伯族中形成了学习多种语言的教育传统；锡伯各牛录相继成立“兴学会”，积极倡导男女平等接受教育，创办油印的锡伯族文化刊物，介绍先进思想，传播进步文化艺术。

第二节　科技与成果

一、传统医术

1. 接骨

一般骨折、扭伤，锡伯族医生可手到病除。严重骨折，先抚摸患处诊断病情，涂抹消炎剂，并慢慢地将伤骨推拿、拉、揉，使之复原，然后再用夹板固定起来，经一段时间即可拆掉夹板。锡伯族民间接骨医生不少。如察布查尔三牛录的初连，人过七旬，医术高明，热心为病人治疗。他看病不用别的器材，只用手抚摸患处，靠自己的触觉来诊断。他能把折断的骨片缓慢地推到原处复原。

2. 扎针（针灸）

锡伯族的扎针，有凉针（平常针）、火针、刺针及挑针。医生可根据病情下针，进行治疗。火针，主要治疗顽固性疼痛、风湿等病。一般用银针，扎针时在清油灯或酒精灯上将针烤到一定温度后，立刻扎患处或穴位，连续扎半个月左右，病情就会好转。扎火针一般效果良好。刺针和挑针，主要治疗“哈纳”病，其病症是吃冷食、空腹喝凉

水等凉性因素引起的恶心、呕吐、头痛、出虚汗、发高烧等。用刺针和挑针方法治疗此种病，效果较好。患者接受刺针和挑针治疗以后，要禁忌吃冷食、喝凉水和奶茶或裸露身子等。

3. 拔罐子

主要治疗感冒、风湿疼、顽固性肌肉痛等病。锡伯族民间广泛采用此种治疗法，火罐是锡伯族老人经常使用的治疗器具，每家每户均有数量不等、大小不同的火罐。

二、察布查尔县科技事业的发展

1. 科技机构

新中国成立后，锡伯族十分重视科学技术的发展。20 世纪 50 年代，察布查尔锡伯自治县相继成立了县畜牧兽医站、农业技术推广站、种子站、草原站。1960 年成立了县科学技术委员会。1972 年成立了县林管站。这些科技部门的建立，对促进自治县经济的发展起到了积极作用。改革开放以来，察布查尔锡伯自治县的科技事业得到迅猛发展，恢复并新成立了一批科技机构和各类科普协会。

察布查尔锡伯自治县有农牧民技术员 21 人，全县共有科技副职 71 名，其中科技副县长 1 名，科技副乡镇场长 15 名，科技副村（队）长 55 名。全县有各类专业技术人员 3915 人，其中少数民族 3267 人，占 83.4%，具有高级职称 70 人，中级职称 793 人，初级职称 793 人。目前，察布查尔锡伯自治县科技机构不断健全，综合服务能力日益提高，有力地推动了全县“科教兴县”战略的实施，加快了全县经济和社会各项事业的发展。2000 年，新疆锡伯族专业技术人员比重为 12.93%，比全疆的平均比重（8.16%）要高 4.77 个百分点。

2. 科技规划

为推动科技工作的发展，改革开放以来，察布查尔锡伯自治县县委、人民政府相继制定并实施了一系列政策、措施。1978 年制定了《察布查尔锡伯自治县 1978～1985 年科学技术发展规划》。1989 年 3 月，成立了察布查尔锡伯自治县科技领导小组。1994 年制定了《察布查尔锡伯自治县“4212”科技示范工程实施方案》。1997 年 11 月召开了自治县第一届科技大会，确立了“科教兴县”的发展战略，并作出了《依靠科技教育进步，振兴经济的决定》，出台了《察布查尔锡伯自治县“九五”规划和 2010 年科教兴县实施纲要》和《1998 年～2010 年知识分子队伍发展规划》。2000 年 2 月，召开自治县第二届科技大会，又相继出台了《察布查尔锡伯自治县科技成果管理暂行规定》、《察布查尔锡伯自治县科学技术奖励暂行规定》、《察布查尔锡伯自治县科技三项费用管理实施细则（试行）》、《察布查尔锡伯自治县专家顾问团活动管理暂行办法》等项规定，有效地促进了全县科技事业的发展。

3. 科技活动

改革开放以来，察布查尔锡伯自治县的科技部门开展了一系列科技活动，科学技术在锡伯族人民经济建设、社会发展中发挥了显著的作用。1990 年自治县举办了第一届“科技之冬”活动，在全县农牧民中掀起了学科技、用科技的热潮。自 2001 年开始，察布查尔锡伯自治县在每年 5 月份开展“科技活动周”，举办形式多样的科技宣传活动。同时，在全县实施了“4212”科技示范工程和素质工程，组建各级各类专业技术协会 11 个，建立县级科技示范基地 4 个，评定科技示范户 4750 个，示范村 16 个，示范乡 5 个，科技示范农牧民技术员 212 人。

4. 科技成果

土壤普查。1981 年，察布查尔县进行了第二次土壤普查。绘制了全县和各社场五万分之一的土壤评级图，编写了土壤普查总结报告和各社场土壤说明书等共约 15 万字的文字资料。1983 年，在全疆验收审查会议上，察布查尔县的土壤普查获科技成果二等奖。

实施农业自然资源调查和农业区划。1981 年 6 月至 1983 年 12 月，完成了全县自然资源调查和农业区划工作，撰写了《察布查尔县农业区划》，以及种植业、畜牧业、林业、社队企业、水利、农机、农业气候、土壤、农业经济等部门区划和调查报告。

大面积推广农作物优良品种。察布查尔县农业以生产粮食为主，历史上素有“粮仓”之称。察布查尔县在保证粮食发展的前提下，对农业的种植比例进行调整。几十年来，察布查尔县完成淘汰低产劣质品种的任务，全面提高了农作物品质。

实施天山马鹿综合研究。察布查尔自治县被新疆维吾尔自治区确定为“新疆天山马鹿基地县”，与新疆农业大学开展技术协作，推广“八五”科技成果。1990 年以来，承担实施新疆维吾尔自治区重点研究项目“天山马鹿综合研究”，对马鹿进行小群复配技术，占配种马鹿的 85%。通过对天山马鹿的改良、提纯复壮、科学饲养、疫病防治技术的研究和推广，推动全县养鹿业的发展。

察布查尔锡伯自治县先后被评为“全国粮食生产先进县”、“新疆维吾尔自治区‘科技兴新’先进县”、“伊犁地区‘科教兴县’先进县”，获国务院“粮食丰收奖”、农业部“玉米综合增产技术”丰收三等奖、新疆维吾尔自治区水稻旱育稀植盘育机插二等奖、新疆维吾尔自治区农业厅“绿肥综合栽培技术”和“综合应用科技进步”三等奖等奖项。

三、锡伯族研究扫描

党的十一届三中全会以来，随着中国政府对边疆地区少数民族文化事业的高度重视和扶持力度的进一步加大，锡伯族研究取得了新的进展和较突出的成就，呈现一些新的特点和发展趋势。主要表现在锡伯族研究社会组织相继成立；本土化的专兼职研究群体已基本形成，并日益扩大；研究领域不断拓展，内容日益丰富；学术成果不断问世，硕果累累，数量逐年增多，质量和水平不断提高；研究方法和理论呈现多元化、综合化的趋势；学术研讨和交流日趋活跃，推动了锡伯族文化的丰富和完善。

（一）组织、队伍

1. 组织。1980年以来，为开展锡伯族学术研究，先后在新疆、北京、辽宁、吉林、黑龙江等地相继成立了有关锡伯族研究学会、研究会等社会组织。这些学会、联谊会制定了章程，发展了一大批会员，开展了学术研究、联谊交流、公益性等活动。

2. 队伍。改革开放30多年来，在锡伯族的历史、文化教育、语言文字、文学艺术、风俗习惯、宗教信仰各个研究领域，活跃着一批勤于耕耘、素养较高的本民族专家学者，如郭基南、忠录等，已经基本形成了一支本土化锡伯族专业和业余研究群体，并不断发展壮大，其中大多数是高等院校、科研院所的教师和研究人员，还有部分机关干部、中小学教师，他们中有资深的教授、研究员，还有中青年博士、硕士，他们根据各自的专业、特长，潜心进行研究，出版发表了不少重要的著作和论文，促进了锡伯族文化的发展和繁荣。

（二）学术研讨

为开展学术交流，30年来有关部门和锡伯族学会先后举办了多次专题或综合性学术研讨会，进行学术研讨和交流，对加强交流，提升锡伯族研究质量和水平，繁荣发展锡伯族文化，起到了一定作用，产生了较大影响。如伊犁师范学院2011年9月举办的“新疆锡伯语言文化学术研讨会”与会专家学者围绕新疆锡伯族语言研究、锡伯族文学研究、锡伯族历史研究、锡伯族艺术研究、锡伯族屯垦研究五个主题展开了广泛而深入的研讨，提出了很多具有研究价值的观点。

（三）著作与课题

1. 著作从1978年改革开放到2000年，随着对锡伯族研究的逐步

开展，一批反映锡伯族源流、语言文字、文化艺术、民俗等方面的著作相继问世，并在数量上有所增加。比较有代表性的有：中国第一历史档案馆编译、辽宁出版社出版的《锡伯档案史料》（上下册，1989年版）、贺灵、佟克力等编著、新疆人民出版社出版的《锡伯族史》（1993年版），《锡伯族历史与文化》（1989年版），《锡伯族百科全书》（1995年版）、白友寒编写、辽宁民族出版社出版的《锡伯族源流史纲》（1986年版）、安俊、吴元丰、赵志强编著、新疆人民出版社出版的《锡伯族简史》（锡伯文，1985年版），此外，还有锡伯文译著、新疆人民出版社出版的《红楼梦》、《聊斋志异选译》（满汉合璧上、中、下）。

这时期，有关锡伯族语言文字专著有：李树兰、仲谦、王庆丰编著、民族出版社出版的《锡伯族口语研究》（1984年版）、李淑兰、仲谦编著、民族出版社出版的《锡伯语简志》（1986年版）、佟玉泉等整理编写、新疆人民出版社出版的《锡伯（满）语词典》（1987年版）、图奇春、杨震远编写、新疆人民出版社出版《锡伯语法》（锡伯文，1987年版）、佟加·庆夫主编、新疆人民出版社出版的《现代锡伯语文字语言正字词典》（1993年版）。

进入21世纪后，随着党和政府对边疆地区少数民族文化事业的高度重视和扶持力度的进一步加大，锡伯族研究进入活跃期，研究的内涵与外延逐渐扩大研究内容进一步细化。这一时期有关锡伯族研究的代表性著作主要有：图奇春的《新疆锡伯人的前天和昨天》（新疆政协、伊犁哈萨克自治州政协、察布察尔政协编的《锡伯族人物录》）；关宝学、何少文、佟仲时、贺灵的《锡伯族民歌集》（2001年7月辽宁民族出版社）。

其中，锡伯文《红楼梦》和汉文《锡伯族百科全书》于1996年12月获新疆维吾尔自治区首届图书奖一等奖。《锡伯族百科全书》于1997

年又获全国第三届民族图书奖。该书150万字，收词目2300多条，分历史文化、社会组织、经济文学艺术、民族习俗等16类，系单卷的中型工具书，该书填补了我国缺少单一民族百科全书的空白，也为今后编撰其他民族的中小型至大型百科全书提供了有益的借鉴。

2. 课题在编著上述著作的同时，锡伯族专业和业余研究人员申报的研究课题，也被国家、新疆维吾尔自治区哲学、社会科学规划办获准立项，有的已结题，通过专家鉴定，有的正在实施之中。其中有郭建忠、扎玉升、贺忠德、佟加·庆夫、刘成、付刚、葛丰交、何坚韧、伊克坦等同志承担的国家哲学、社会科学"八·五"课题《中国锡伯民族双语研究》，于1992年获准立项，经过5年的艰苦努力顺利完成，于1996年12月在乌鲁木齐通过专家鉴定。该课题研究成果较全面论述了中国锡伯族双语的历史沿革、现状和发展对策，以及双语教育对促进锡伯族同其他兄弟民族之间的团结，发展锡伯族文化教育事业，推动经济发展所产生的作用和影响。特别值得一提的是由佟加·庆夫等同志承担的新疆维吾尔自治区科委研究课题《锡伯文、满文文字处理和轻印刷系统》于1996年研制完成，已研制开发出"曙光"锡伯文、满文轻印刷系统和办公自动化系统两个系列，这一研究成果具有以锡伯文、满文为主体，多文种混合兼容操作，方法简便、规范、速度快等特点。此外，葛丰交等同志主持承担的新疆维吾尔自治区哲学、社会科学研究课题《新疆锡伯族教育简史》也于2002年通过专家鉴定结项。该课题最终研究成果形式为专著，该研究成果对研究锡伯族教育，编写锡伯族县志、民族志、新疆教育史等均有较大价值，其中关于双语教学等锡伯族教育的基本经验，对新疆其他少数民族教育发展具有较大借鉴意义。这项成果的问世，填补新疆锡伯族教育史的空白。

与此同时，对察布查尔锡伯自治县经济社会发展综合研究课题也取得成果。

（四）刊物、网站

为活跃锡伯族的学术交流和研究，繁荣发展锡伯族文化，有关部门和学会组织相继创办了一些刊物，其中新疆人民出版社锡伯文编辑室主编、新疆人民出版社出版的《锡伯文化》是全国唯一的锡伯文正式刊物。该刊第1期于1987年10月出版，目前共出43期，用锡、汉两种文字出版，是新疆研究锡伯族创办较早的学术刊物，为从事锡伯族研究的专家、学者提供了一个交流、学习的园地，同时也培养了一批作者，并且经过二十多年的发展，逐步形成了自己的特色。另外，还有察布查尔锡伯族自治县语委会主办的不定期刊物《学会通讯》（锡·汉文），辽宁省锡伯族史学会的《会刊》，黑龙江锡伯族研究会的《锡伯族今昔》等刊物以及锡伯文版《察布查尔报》，这些刊物在开展锡伯文学术交流方面起到了积极的作用。

进入21世纪，随着信息化建设的加快，网络技术的发展和应用，锡伯族有识之士与时俱进，紧随时代步伐，先后建起了近10个网站，如“新疆锡伯语言学会”、“大西迁”、“察布查尔在线”等，开设了锡伯族历史、文化、风俗、语言、人物、西迁等具有特色的栏目。分布在全国、世界各地的锡伯人利用快捷的互联网这个“信息高速公路”来互通信息、学习语言、交流思想、了解新闻、发表意见和见解，获取各个方面的知识、经验和信息，共享国内外锡伯族文化及相关学科资源，促进了锡伯族的进步和发展。

（五）论文

党的改革开放政策，给锡伯族研究注入了生机和活力。党的十一届三中全会以来，锡伯族专业和业余研究人员以高度的热情、责任感、使命感、紧迫感，科学的态度和一丝不苟、开拓进取的精神，认真挖掘、收集整理锡伯族史料，进行了认真研究，撰写发表了大量学术论文、研究报告等，据粗略统计，从20世纪80年代初到现在，约有近

1000 篇有关锡伯族研究论文在《人类学学报》、《满语研究》、《民族研究》、《中央民族大学学报》等国家、省级刊物上发表。

这一时期，国外学者研究锡伯族的论文资料有，日本丸山孝一的《伊犁锡伯族民族教育的历史背景》（九州大学比较教育文化研究设施纪要 43 1992）、楠木贤道的《新疆锡伯族》（历史人类 23 1999）等。

（六）文学艺术、影视创作

改革开放 30 多年来，在锡伯族文艺、美术、影视创作方面也获得丰硕成果：由鲁迅美术学院油画系锡伯族副教授扎·藏布同志创作的反映锡伯族到新疆伊犁戍边历史的巨幅浮雕壁画《西迁》，在 1986 年 12 月举办的“全国首届民族大家庭美术、摄影、书法展览”中荣获国家民委颁发的大金果奖；锡伯族导演编导的反映锡伯族生活的电影《现代角斗士》，受到各界人士的好评；由管兴才改编、佘叶肯同志翻译的锡伯族著名长诗《西迁之歌》获得 1981 年全国少数民族文学一等奖；沈阳市歌舞团创作出的以锡伯族西迁为题材的大型舞剧《西迁之歌》于 1985 年在沈阳公演受到好评；歌曲《世世代代铭记毛主席的恩情》备受群众喜爱，唱遍全国，产生了深远的影响；锡伯族著名作家郭基南创作的长篇系列小说《流芳》出版发行；一部生动再现锡伯族西迁伟大壮举的纪录片《大西迁》，于 2011 年 5 月 12 日在京举行首映式新闻发布会，并在中央电视台播放。《大西迁》共 6 集，每集 26 分钟，摄制历时 6 年。该纪录片通过对东北和新疆锡伯族的生活地区进行拍摄制作，记录了 200 多年前的清朝乾隆年间，1000 多名锡伯族官兵携家眷共 4000 多人完成的一场民族大迁徙的历史壮举。

第七章

民族经济与生产

明清之际的锡伯族是以渔猎经济为主。17 世纪末叶，锡伯族被编入八旗制度，土地制度是“旗地制”。康熙年间，根据清政府“计丁授田”的规定，取得土地。锡伯族居住在松嫩平原时即开始经营农业，已有相当水平，“锡伯米”在清初极负盛名。之后，也经营畜牧业、手工业，但仍以农业经济为主。新中国成立以后，锡伯族的经济得到飞速发展。无论在东北，还是在新疆，他们的经济都以农业为主，兼营畜牧业、林业、渔业及其他副业。

第一节　早期经济——狩猎和捕鱼

据史书记载和民间传说，16 世纪以前，狩猎和捕鱼在锡伯族的经济生活中占重要的地位，这和锡伯族所处的自然环境、地理条件有着密切的关系。大兴安岭、嫩江流域山深林茂，野生动物资源丰富，水产资源众多，是天然的狩猎和捕鱼的场所。

一、狩猎

锡伯族称狩猎为“阿巴”，这是一项很有活动量的活动。秋冬农闲时是锡伯族猎人出猎的大好季节。深秋时野猪糟蹋成熟的玉米、水稻，猎手日夜守候在地头猎兽保粮。每到冬天下雪时，锡伯族人便骑上骏马，拿着长矛、大头棒，带上猎狗，驾着猎鹰到山野去寻踪追捕野猪、野鸡和野兔等。大家互相配合，一旦发现目标，就穷追不舍，谁的马跑得快，谁的猎狗凶，谁就能得到猎物，获得猎物后，不能一人独享，按传统习惯，凡是参加打猎的人，都可分得一份。由在场的年长者主持分配猎物。打中第一枪或插首矛的人分得猎物的头部。在锡伯族民间还流传着的《狩猎歌》，留存了历史的信息。

狩猎　（安素摄）

狩猎歌

猎人挥鞭上骏马
雄鹰登在他左肩上
右手挥舞着大头棒
箭一般奔向猎场
人人称道他英雄

试试他的本领
猎队满载凯歌回

背起弓箭上北山
猎得山兽和野鲜
皮做衣来肉做餐
饮杯美酒是神仙

也要试试骏马
野兔被追得筋疲力尽
猎犬早已扑上了它
猎人翻身下了马
端端擒住了野兔
日落西山回家
猎人剥去野兔皮
新鲜兔肉炒咸菜
香喷喷的味道胜过海参

二、渔猎

锡伯族早在东北兴安岭一带生活时就靠打鱼为生，锡伯族的先民曾经过着“棒打獐子瓢舀鱼，野鸡落在砂锅里”的生活。新疆的锡伯族人也以打鱼为副业，这种传统的生产方式一直延续至今。锡伯族的渔猎生活内容很丰富。

锡伯族渔猎有拉网、挂网、扳网、迷魂阵、鱼篓、冰上渔猎等方法。

拉网。拉网过去用麻线，如今普遍用尼龙丝织网，长 40～50 米，上网系着许多浮标，下网有网坠、网兜。在伊犁河或深水河汊，几个人执网顺水拉网，小船在前面划，渔网在船尾撒，鱼儿上网，纲绳抖动，选择一片平坦的滩头起网，有时鱼儿挂得满满的，人拉不动，得借助马力收拉，这种拉网的网眼孔径多在八九厘米以上，目标是逮住大鱼，这是渔民的主要工具。

挂网。挂网长 20～30 米，多在小河、湖泊、芦苇荡里使用。选择水流比较平缓，鱼群密集或游动必经之路的地方下网，两端固定，使网不致被冲走。渔民一边守候，一边垂钓，鱼儿上网便及时摘取。这是业余渔猎者的主要工具。有时发现鱼群游动，挂网临时可作拉网使用，三两人手执纲绳，顺水拉动，往往收获颇丰。

扳网。这是小型渔网。周围用绳子系在网杆上，网设纲绳，渔民选择河边鱼群的通路，在水中用木头、树杈、草坯筑一短坝，与河岸垂直，挡住湍急的河水。于是，坝下便成洄流，这往往是鱼儿暂息之地。渔民将扳网沉于洄流中，手执纲绳，静坐等候。鱼儿进网，纲绳即动，渔民迅疾扳网，将网提出水面，逮住大鱼。平常渔民常常在清晨、黄昏、夜晚时待到鱼儿最活跃、四处游动觅食之际下扳网，有时一夜可捕到几条大鱼，也有寂守通宵，一无所获的时候。

伊犁河渔猎生活　（安素摄）

迷魂阵。在小河上用柳条编织的篱笆横截河面，柳篱中设置一两个用柳条编织的圆形、椭圆形围圈猎鱼，上有口，口内有倒插，鱼儿可顺口钻入篱中，但因碍于倒插，极难逃出篱外。鱼儿迷在篱中，又拦河隔断，形如长阵，故名“迷魂阵”。渔民不时坐小船前往巡视，见鱼进入，即用带把的网袋将鱼舀上来。

鱼篓。用柳条编的长方形或圆柱形篓，篓壁开有一个洞，洞口内编制倒叉，在小河上的清水口内或鱼群游动必经之地，将鱼篓倒扣水中，篓底压上石头，防止被水冲走。鱼儿钻入篓中，有进无出，渔民即可伸手将鱼捉住。此法大半为业余渔猎者所为。

冰上渔猎。在冰冻的苇湖或河里，渔民用镐头、铁锹凿开一个洞。因为凿洞处有亮光和新鲜空气，鱼群纷纷到洞口欢游。渔民爬在洞口边，即可瞅准目标，投掷带绳子的钢叉叉住大鱼，也可预先在水中埋伏带把渔网，待鱼儿靠近的刹那间，突然舀获。不畏严寒的垂钓者，则可借助短线短杆用新鲜饵食引诱饥饿的鱼儿上钩，将鱼一条条拉出水面，甩在冰面上。

第二节　交通运输和生产工具

一、交通运输

明清以前，锡伯族处在山林河湖地区，其交通运输工具主要为马、牛、骆驼、滑雪板、连轴转牛车、雪橇、独木舟、皮舟等。

新中国成立后，作为交通运输工具使用的主要有马、毛驴和马车、牛车、毛驴车、胶轮车、雪橇等。另外，马在锡伯族生活中是最离不开又最得力的交通运输工具。春天耕地，夏天打麦，秋天运粮拉货，冬天从山上拉运木料、拉柴，拉车、犁、雪橇等都离不开马。

改革开放以来，交通运输工具也发生巨大变化，过去的主要运输工具——马、马车、牛车、毛驴车已退居二线，只作为辅助运输工具。现在锡伯族地区的主要运输工具是小四轮拖拉机、汽车等。人们串门走亲戚，或办事、旅游都乘坐公共汽车或自驾小车，下地干活要骑自行车或骑轻便摩托车。

二、生产工具

生活在辽河两岸的锡伯族主要以农业生产为主，农耕中使用的农具类有木犁、铁轮车、木锨、锄头、镰刀、套具等。生活用具有室内用的缸、罐、席、桶、火盆等，室外用的有鸡窝、鸡笼、磨等，有的沿用至今。

农业生产使用的工具有耕种、打场及平时使用的农具。

农具（贺灵摄）

车辆有木轮、铁轮两种，是交通运输必备的农具。

骑马须有供骑坐的器具马鞍子。马鞍子为木架制成，下垫棉或皮，

以防磨破马背。

牛车咕咚，也叫车铃铛，是农家车辆的附属品之一，多见于车辕下悬挂之物，由铁制成，筒状，随车辆行走，发出叮当声音。

塔式鸟笼，是农村养鸟器具，多为塔式，层次不等。

第三节　西迁锡伯人兴修水利　屯垦造田

西迁的锡伯族军民在伊犁安家落户后，不但勇敢地保卫了祖国的神圣领土，而且在屯垦建设中发挥了巨大作用。

一、“察布查尔布哈，我的母亲河”

“世上的河渠有千万条，唯有察布查尔布哈最亲。每当见到你，滚滚奔流不停，欢乐的歌荡漾在我心，你养育了一代代锡伯人，察布查尔布哈，我的母亲……”这首歌就是锡伯族人们歌唱察布查尔大渠的歌，也是献给锡伯族母亲的歌，表现了锡伯族人民饮水思源的品德。

从1766年锡伯营军民迁驻伊犁河南岸以后，就积极开发建设这块土地。他们首先疏通了旧有的绰合尔水渠，并利用这条长达180里的大渠，引水垦种了1万多亩耕地。后来，由于锡伯族人口不断增长，原来赖以维持农业生产的水渠和泉水不能满足日益扩大的耕地面积的需要，耕地无法再扩展，甚至直接影响到屯垦戍边的战略行为。在这种情况下，颇有远见的锡伯营总管图伯特，一方面听取群众兴修水利、造福子孙的良策，另一方面亲临伊犁河上游，实地勘察伊犁河水文及察布查尔平原地形，在驻防伊犁之后的第37年（1802年），制订出了开凿察布查尔大渠、引伊犁河水、灌溉察布查尔农田的方案，并报伊犁将军审定，获准批准。

嘉庆七年十月（1802年11月），在全体锡伯族军民的大力支持下，大渠正式动工。经过6年多时间艰苦奋战，终于在嘉庆十三年（1808年）胜利竣工。该渠东西长200余里，渠深1丈，宽1丈2尺，当时称为“锡伯渠”或“锡伯新渠”（与旧有的“绰合尔渠”相对而言）。后来，取名为“察布查尔渠”，意为“粮仓”。

察布查尔大渠的建成，具有重大的政治意义和经济意义。它是锡伯族劳动人民开发我国西部边疆的一大贡献。大渠一经凿通，滔滔不绝的伊犁河水源源不断地流进察布查尔亘古荒原，灌溉着两岸干旱少雨的土地。锡伯营军民欢欣鼓舞，生产积极性十分高涨，在锡伯营各牛录周围很快开垦出78 600多亩耕地，并筑堡屯居，在荒原上建起了村落相望、阡陌相连的居民区，成为如今察布查尔县的雏形。随着生产的不断发展，庄稼年年丰收，使锡伯军民的生活大为改善。当时，开挖大渠的锡伯族官兵被树为屯垦戍边的典型，受到朝廷嘉奖，其事迹还被绘制在中南海紫光阁。1954年自治县成立时，锡伯族人民便以大渠“察布查尔”命名县名。在此后漫长的历史发展过程中，察布查尔大渠确实发挥了重大作用。直到今天，滔滔的渠水依然潺潺流过，途经全县7个乡镇、5个团场，为10多万百姓提供生命之水。锡伯人把察布查尔大渠视为自己的母亲河，就是这条功不可没的母亲河，抚育了一代又一代锡伯人。

锡伯族人民为了纪念造福于自己后代的总管图伯特，在察布查尔大渠口和七牛录都建起了“图公祠”，永志纪念。后来，又集资在察布查尔锡伯自治县七乡重新修建图伯特纪念馆，成为人民缅怀他的重要场所，每逢春秋两季锡伯人都举行祭祀。2002年，为纪念图伯特开挖大渠200周年，在察布查尔大渠口为图伯特立碑，刻有“图公精神，代代相传”八个大字。

二、开凿皇渠、修筑锡伯渠、“哈尔博户”大渠

道光年间，伊犁各族军民在伊犁河以北开凿皇渠，不但有锡伯营

总管担任大渠工程的技术指导，而且还抽派大批锡伯族群众前去支援。沙俄侵占伊犁后，不少锡伯族官兵及群众辗转到塔城、博尔塔拉、乌苏等地，他们又先后开挖了塔城的阿布德拉大渠、博尔塔拉的哈尔博户大渠，并在上述各地垦荒种田，储备粮草，为清军收复伊犁做准备，并使当地一些兄弟民族学到许多农业生产知识和技术。

1895 年，索伦总管色布西贤从锡伯营选派富有屯垦经验的 40 多名青壮年官兵，携带农具、种子、马牛开赴特古斯塔柳（今巩留县），筹建营盘、耕种粮食。1896 年又挑选官兵 250 名，作为“练军两旗”派往该地屯田，两批官兵近 300 人，几年中，他们修挖了一条长达 50 多千米的大渠（锡伯渠），开垦了十几万亩良田，使原来没有人烟的戈壁荒原变成了良田，生产的粮食源源不断地支援了新满营。锡伯渠的开挖修通，为巩留农业的发展做出了重要贡献，在百年以来巩留水利史上写下了光辉的篇章。1903 年，锡伯军民奉命将已成熟的田亩、农具等移交给新满营耕种，自己撤回原营。至此，色布西贤“以其总理特古斯塔柳屯田事务始终得力”而受到清政府的嘉奖。

总之，在东起乌苏，西起图尔根、察林河口，北达博尔塔拉、塔城，南到特克斯的广大地区，都有锡伯族人民开凿的水渠和垦荒耕种的农田，他们为开拓和发展新疆的农田水利建设贡献了自己的智慧和汗水。

在锡伯族军民的帮助下，满、索伦等营按照锡伯营之例屯垦，既做到了经济自给，又促进了本地区的农业生产的发展。此后伊犁旗屯全面铺开，进而在全疆范围内形成了屯垦热潮。

三、屯垦戍边做出贡献的人——图伯特

图伯特（1755～1823 年），乳名图克善（锡伯语即牛犊之意），伊拉里氏。乾隆二十年（1755 年）五月初八生于盛京（今沈阳）郊区的

一个锡伯族家里。

乾隆二十九年（1764 年），清政府从盛京（今沈阳）等城挑选锡伯族官兵携家眷调遣伊犁。图伯特一家就在这支队伍里，当年他只有 10 多岁。图伯特 15 岁应试入选披甲，艰苦的军营生活使他变得更成熟更突出。乾隆五十七年（1792 年）从骁骑校跳级升为正黄旗（二牛录）佐领；嘉庆三年（1798 年）升任锡伯营副总管，次年又升为锡伯营总管。

锡伯族西迁伊犁后，实行生产自给。官兵在伊犁河南岸虽疏浚了准噶尔时代一条大渠（绰合尔梁），但当时锡伯营人口繁衍增长，达到 7000 余人，仅靠万余亩土地已不能满足这么多人口粮的需要。总管图伯特从民族生存和保卫边疆的长远利益出发，决心再修一条大渠，以解决锡伯营军民的生计问题。经伊犁将军松筠批准后，他便不辞辛苦勘察伊犁河南的地形、土壤等自然条件，选择了引水路线，估算了所需工日。但是，以副总管硕尔泰为首的官吏联合上书伊犁将军，反对图伯特。总管图伯特据理力争，以事实驳斥硕尔泰等人的反对。在得到莫罗墨大喇嘛（随西迁部队来伊犁的喇嘛，正红旗人，有丰富的医药和天文、地理知识）和人民群众的支持后，他又一次向伊犁将军声明兴修水利、垦荒造田对巩固边防与锡伯营数千军民生存的重大意义，并以九族身家性命担保。伊犁将军松筠同意了，并奏请朝廷批准了图伯特的修渠计划。

嘉庆七年（1802 年），图伯特确定了在察布查尔山口南引伊犁河水的具体方案，于当年农历十月正式动工开渠。图伯特实行“将八个牛录分编成为两个大队，共 400 个劳动力，春秋分期换工”，边挖渠、边引水种田的施工方案。工程开始后，图伯特日夜不离工地，与莫罗墨大喇嘛等一起，测量地势，画线引导，指挥施工。于嘉庆十三年（1808 年）挖成了东西长 200 余里的锡伯新渠，即今察布查尔大渠。

大渠建成后，锡伯营很快扩大了七万八千七百多亩耕地，沿伊犁河岸居住的几个牛录先后迁到大渠两岸定居。伊犁将军松筠将图伯特主持修建察布查尔大渠的功劳奏报皇帝，皇帝也十分赞赏，于嘉庆十四年（1809 年）令其进京朝觐，并绘图紫光阁。

嘉庆十四年（1809 年），总管图伯特进京朝觐之后，请假回沈阳老家省亲，向当地同胞汇报了西迁的锡伯族同胞在伊犁屯垦戍边的情况。嘉庆十五年（1810 年）三月，图伯特在返回伊犁途中，受任为塔尔巴哈台巴尔鲁克领队大臣，任内 5 年。嘉庆十九年（1814 年）因患关节炎病卸任回家。嘉庆二十五年（1820 年），图伯特又奉命参与了惠远城南伊犁河的疏筑工程。道光三年（1823 年），他因病去世，终年 69 岁。

第四节　察布查尔锡伯族自治县经济发展

一、丰富的资源，便利的交通和口岸优势

察布查尔锡伯族自治县自然资源丰富，种类繁多，开发潜力大。县境内水资源拥有量 22.41 亿立方米，南岸大渠和伊犁河流域整体开发项目完成后，新增 103 万亩旱涝保收的优质土地，全县耕地面积达 208 万亩。境内天然草场广阔，水草丰美，有从事畜牧业生产的自然条件，养鹿业已有较成熟的技术，为鹿产品的深加工和销售提供了基础。矿产资源优势突出，煤炭资源极为丰富，经勘探预测煤炭储量达 125 亿吨，远景储量 1500 亿吨，察县煤炭具有埋藏浅、品质好、热值高等特点，是优质的煤化工原料，为察布查尔县未来的煤电工业、煤化工业及其相关配套工业的发展提供了大好机遇。电石矿、石灰石矿、硅酸岩矿储量都较大，为石灰、水泥等建材工业发展提供了广阔的前景。

对外开放条件优越，交通便利。察布查尔县有便利的口岸优势。在县境内的都拉塔口岸有望成为伊犁“东联西出、西来东去”的重要门户之一，同时距中国西部的最大陆路公路口岸霍尔果斯也不远。近年新疆周边国家的环境和形势普遍好转，与察县相邻的哈萨克斯坦近两年国内生产总值以年均9%以上的速度增长，市场容量不断增大，察布查尔县对外合作关系将面临前所未有的机遇。随着精伊铁路2007年底的贯通，伊犁河二桥、三桥的建成，察布查尔县的快捷大交通格局凸显出来，交通优势更加显著。可通过伊犁河一桥和伊宁市中心相连，通过伊犁河二桥和国家级的伊宁经济合作区相连，通过伊犁河三桥和霍城县及农四师西部几个团场相连。察昭公路的贯通，使察布查尔县成为伊宁经济圈中连接伊宁市、昭苏县、特克斯县的经济大动脉之一，与伊犁东五县形成快捷便利的公路交通运输网。伊宁火车站距离都拉塔口岸仅有40多千米。随着伊宁经济圈伊南工业区的建成，就能实现伊宁市和察布查尔县工业布局一体化。

改革开放以来，特别是2010年中央新疆工作座谈会召开以来，察布查尔县积极推动经济结构和产业结构调整，努力发展现代畜牧业、设施农业、特色林果业三大产业，加快推进工业园区和城市建设，着力培植煤电、煤化工、新型建材、特色农产品加工四大产业，突出抓好招商引资、基础设施建设、扶贫开发、水土开发、旅游开发五项工作，切实保障和改善民生，奋力推进自治县经济社会又好又快发展。

二、新型工业化进程加快

察布查尔县以煤电、煤化工为主导的新型工业化建设取得新进展，到2010年入驻自治县投资过亿元的大企业、大集团有10余家，已累计完成投资11.8亿元。内蒙古伊泰集团540万吨煤制油项目总投资700亿元，资源普查勘探工作全面展开。中电投总投资500亿元3×

20亿立方米煤制气项目，已完成投资2亿元。中煤投资5000万元，完成160平方公里资源普查工作，探明煤炭资源储量47亿吨，180万吨甲醇转60万吨烯烃项目完成可研。新汶千万吨矿井总投资25.8亿元，2010年投入3.2亿元，累计投入6.7亿元。潞安300万吨煤矿技改扩建完成投资1亿元，60万吨矿井通过验收。国网伊犁二电扩建项目完成投资2000万元。华电伊犁电厂项目完成投资1000万元。金龙水泥投资6亿元日处理4000吨水泥熟料技改扩建项目、天山水泥投资7亿元日处理4500吨水泥熟料项目已开工建设，完成投资2.8亿元。总投资7000万元的国统管道PCCP生产线项目和总投资1.5亿元的三亚木业已建成投产。全年工业增加值完成3.13亿元。工业园区建设有序推进，50平方千米煤电化工业园、10平方公里中小企业创业园和建材工业园基础建设不断完善，供排水管网、供电线路、园区道路、蓄水池和污水处理工程近期建设已基本完成。

三、现代农牧业稳步发展

察布查尔县围绕农牧民增收为核心，推进高效农业、现代畜牧业、特色林果业三大产业的发展，2010年粮食总产33万吨，创历史最高水平。33个无公害农产品获新疆维吾尔自治区认证，完成20万亩小麦绿色原料基地复验准备工作。新增“一村一品”专业村8个，完成精耕细作示范面积1.12万亩，落实高效多熟制面积5500亩，实施测土配方施肥56.12万亩，“千元田”达到23万亩。县财政投入3500万元建成三个千亩连片设施农业基地，新建标准日光温室1519座、拱棚2015座。政策性农业保险投入资金总额402.06万元，参保农牧民20 736户。投资2200万元新建7个标准化规模养殖小区。投资3712万元完成8个定居点340户牧民配套定居。新增千头优质奶牛乡3个、百头村8个、十头养殖户133户；新增优质奶牛6276头，引进良种牛3430

头。全县牲畜存栏 41.24 万头（只）。投入林业建设资金 2222 万元，春季造林完成经济林 6.27 万亩，用材林、防护林 3034 亩；秋季完成 10.5 万亩整地和 2.03 万亩经济林造林建设任务；新建州级林果示范园 2 个、县级示范园 13 个、乡级示范园 58 个。实现农村富余劳动力转移 4.6 万人次，劳务创收 1.48 亿元。农民专业合作社达 118 个，入社社员 7631 人。创建新农村建设示范乡 1 个、示范村 3 个、重点村 3 个。落实国家农机购置补贴资金 1200 万元，购置各类农业机械 1334 台(架)。

四、基础设施建设成效明显

2012 年，自治县争取中央及新疆维吾尔自治区预算内项目 76 个，资金达 4.6 亿元。农田水利方面，新修防渗渠 108 千米，改善灌溉面积 3.63 万亩，改造低产田 1.55 万亩。大型灌区察南渠改造工程已开工建设。电力建设方面，新建 110 千伏察汶线、宁察线，完成 4 个 35 千伏变电站增容改造；投资 1.5 亿元的 220 千伏输变电工程已破土动工。交通建设方面，实施了一批重要农村公路、一般农村公路和通达公路工程，全长 142.836 千米；伊犁河喀拉塔木大桥主体竣工。高度重视南岸干渠及配套建设工作，确保了工程建设顺利进行。总投资 2.47 亿元的南岸干渠 17、18、21、22 号干管工程和投资 1200 余万元的土地平整项目基本完成。

五、旅游业快速发展

改革开放以来，自治县以打造锡伯特色旅游胜地为重点，依托“一园一边一山一水”，突出重点，分步构建“一主四片”旅游发展大格局。“一主”，即以孙扎齐牛录乡锡伯民俗文化旅游名村为核心的主板块。“四片”，即东部以米粮泉乡为重点的特色农家美食区，

南部一山银哈达峰为重点的森林生态休闲区，西部以都拉塔口岸为重点的边境旅游区，北部以伊犁河谷风光为重点的次生林风景区。精心打造旅游主板块，加快实施锡伯民俗文化旅游名镇规划，创建“世界唯一，唯我独有”的旅游品牌。提高“西迁节”办节水平。加强区域旅游合作，推进与援疆县市旅游资源的要素配置、市场营销、旅游信息一体化，不断扩大旅游业的知名度。加强重点景区的规划和基础设施建设，开辟精品旅游景点项目，突出锡伯民俗特色，实现旅游业的新突破。

全县共有各类营业旅游企业景区（点）69 家，其中：国家 AAAA 级景区 1 家、AAA 级景区 2 家，是全州 A 级景区最多的县市；星级宾馆 5 家，三星级酒店 2 家，二星级宾馆 3 家；农家乐 19 家；旅游开发服务公司 1 家；旅游纪念品生产厂家 2 家；国家级工业旅游示范点一家；自治州湿地公园 3 家。

六、旅游景点

1. 景色宜人的伊犁河风景区

伊犁河发源于新疆天山西段，在我国境内，流域面积约 57 万平方千米，其水量居新疆众河之首，径流量约占全疆河流径流量的 1/5，大约有 3/4 的水量流出国境。

伊犁河上游有三大支流：特克斯河、巩乃斯河和喀什河。特克斯河是主源，发源于汗腾格里峰北侧。伊犁河向西流至伊宁途中有喀什河流入，以下进入宽大的河谷平原，河床开阔，支流众多，渠系纵横。

伊犁河是伊犁河谷最重要的绿色生命走廊，千百年来，滋养哺育了河谷流域无以数计的伊犁河里流域子民，被誉为伊犁人的“母亲河”。浩荡的河水，自东向西蜿蜒而去，最后流入哈萨克斯坦境内的巴尔喀什湖，在我国境内全长约 400 多千米。伊犁河是中国唯一一条东西走向的外流河，也是新疆水流量最大的一条河流，灌溉着塞外江南伊犁的千亩良田与牧场。伊犁河承载了太多的历史意义，它见证了河谷万里流域岁月沧桑变迁。

伊犁河在察布查尔县境内是下游，景色宜人，主要景区有：伊犁河南岸、清水弯、吉快、青杉公园、金沙滩等景区（点），位于察布查尔县北部，有公路通达，风景河段长约 10 千米，河面宽 0.4～2.4 千米，河流两岸宽阔平坦，有茂密的河谷林及草甸植被，河内出产多种鱼类。现在，伊犁河风景区（点）已成为当地及伊宁市过往游客观光、休闲娱乐的场所。每逢节假日，这里篝火点点，人们煮鲜鱼、烤羊肉，开怀畅饮，然后在草地上歌舞嬉戏，领略塞外野趣。随着对外开放的进一步扩大，伊犁河水运开通，伊犁河大桥进一步整修，风景区将更加宜人。伊犁青年人结婚时，驱车在大桥上摄影留念则是必经程序之一。这充分体现了各民族人民始终不忘伊犁河水的养育之恩和热爱祖国河山的情怀。

2. 锡伯民族博物馆

锡伯民族博物院，位于察布查尔锡伯自治县孙扎齐牛录乡境内，距离县城中心约 6 千米，距伊宁市 18 千米，占地面积 49 640 平方米。于 2013 年 5 月 26 日正式扩建开园。锡伯民族博物院前身是原锡伯民俗风情园，建成于 2004 年 8 月 27 日，是全国唯一一家能够全面、系统展示锡伯族西迁、发展历史和锡伯民俗的综合性风情园，是国家 3A 级景区。

该园包括锡伯族民俗风情博物馆仿古建筑、西迁历史纪念馆、锡伯民俗展览馆、格吐肯书画艺术馆、娱乐区、锡伯民族英雄图伯特塑像和庙会一条街等。该园先后被评为“新疆维吾尔自治区级爱国主义教育基地”、被列为“中国民族博物馆察布查尔分馆”。在这里，游客可以全方位地了解锡伯族的历史渊源、西迁壮举、戍边文化，以及文

字、语言、生活习惯等，也可以感受锡伯民俗“世界唯一，唯我独有”的独特魅力。

3. 图公祠

图公祠是纪念性祠堂。图公为锡伯族的民族精英图伯特。伊犁锡伯营正蓝旗（今察布查尔县纳达齐牛录）人，清乾隆二十年（1755年）五月出生于今辽宁省沈阳市北郊的锡伯村屯。清嘉庆年间，他带领锡伯族人民在伊犁河畔开挖察布查尔大渠，使锡伯人从此丰衣足食，安心屯垦戍边。清嘉庆十三年（1808年）察布查尔大渠竣工后，为纪念图伯特倡导开渠的功绩，锡伯族人民在察布查尔大渠龙口和纳达齐牛录，请准各建立一座“图公祠”永志纪念，并在每年春、秋两季在此举行祭祀活动。

图公祠堂 （郭庆摄）

图公祠原建筑面积30平方米，雕梁画栋，飞禽走兽。祠堂正壁上绘有图伯特彩色画像，祠内设有木匾，用锡伯文书写其功德。

门上悬挂对联一副。重建祠堂建筑面积150平方米，院内三座建筑呈“品”字形排列。图公祠大殿居后院中央，前面左右各修建有关帝庙和娘娘庙。现已成为察布查尔县重要旅游景点之一。

4. 中华弓箭文化博物馆

中华弓箭文化博物馆位于1979年兴建的察布查尔锡伯自治县体委射箭训练厅内，建筑面积802平方米，可容纳24个展柜、18个展台。该馆是中国乃至世界第一座以弓箭文化为主题的博物馆，2012年8月8日开馆，场馆前身是1974年修建的新疆射箭队训练场馆，藏有国家体委为表彰箭乡佳绩而颁发的“为国争光，勇攀高峰”锦旗。

中华弓箭文化博物馆以18个板块系统介绍了中华弓箭的内容及世界弓箭文化的相关信息，博物馆展出32款世界各国代表性弓箭、450枚各类传统箭及150件各类射箭护具等展品，收藏了30款具有世界代表性的弓种以及680余幅珍贵图片，每位参观者可在这个博物馆充分了解中华弓箭文化。

博物馆分射猎沿革、军武之射、礼射之艺、制弓技艺、中华之箭、中华扳指、弓弩千秋、中华射学、射术技艺、射艺壁画、西域弓箭、西域战图、清代巴图鲁、箭守国门、崇射风尚、族之神技、中华之弓、世界之弓、现代弓弩19个文化展区，集中展示了中华弓箭文化三万年的悠久历史、丰富的文化内容及崇高的人文精神。博物馆展出全世界最长、射程最远的单体木制长弓，以传统工艺制作完成，该弓箭于2012年9月获得吉尼斯世界纪录总部的认证。

参考文献

1. 那启明，韩启昆．中国锡伯人．沈阳：辽宁民族出版社，2010.

2.《察布查尔锡伯自治县概况》编写组．察布查尔锡伯自治县概况．北京：民族出版社，2009.

3. 田雪原．中国民族人口．北京：中国人口出版社，2002.

4. 中国统计局人口和社会科技统计司，国家民委经济司．2000年人口普查中国民族人口资料（上、下）．北京：民族出版社，2003.

5. 葛丰交，郭庆．锡伯族风俗文化．乌鲁木齐：新疆美术出版社，新疆音像出版社，2008.

6. 贺灵，佟克力．锡伯族史．乌鲁木齐：新疆人民出版社，1993.

7. 方衍．黑龙江少数民族简史．北京：中央民族出版社，1993.

8. 佟加·庆夫，佟林清．锡伯族风情录．乌鲁木齐：新疆人民出版社，2004.

9.《锡伯族简史》（修订本）编写组．锡伯族简史．北京：民族出版社，2008.

10. 葛丰交．新疆锡伯族教育百年述略．黑龙江：《满语研究》2009（1）：130—138.

11. 葛丰交. 新时期中国锡伯族研究述略. 北京：民族工作研究，2012（4）.

12. 葛丰交，永梅兰，锋晖. 锡伯族人口文化素质浅析. 乌鲁木齐：新疆大学学报，2005（2）.

13. 国家民委《中国少数民族》编写组. 中国少数民族. 北京：民族出版社，2008.